Michalis Pantelouris · Liebe zukünftige Lieblingsfrau

MICHALIS PANTELOURIS

Liebe zukünftige Lieblingsfrau

KEIN & ABER

Alle Rechte vorbehalten
Copyright © 2017 by Kein & Aber AG Zürich – Berlin
Coverbild: Grafilu
Covergestaltung: Herburg Weiland
Satz: Fotosatz Amann, Memmingen
Druck und Bindung: GGP Media GmbH, Pößneck
ISBN 978-3-0369-5772-2
Auch als eBook erhältlich

www.keinundaber.ch

*My nights are broken up by the sounds of women I'll never meet,
and when my eyes are closed I can start to feel you staring at me.
The right side of my bed has always left me feeling stuck in between
everything I know and all the lies I tell myself so I can sleep.*

Jack Garratt – *Worry*

I

Katzen starren auf Türen. Das ist kein Indiz dafür, dass sie hindurchgehen wollen. Aber das weiß Herr Baris nicht, der im dritten Stock wohnt und an der Tür klopft, wenn er im Vorbeigehen Willy auf meiner Fußmatte sitzen sieht, morgens um Viertel nach sieben. »Guten Morgen, lieber Nachbar«, sagt er, als ich öffne, und zeigt auf den Kater. »Die Katze will rein. Geht es dir gut?« Er lacht mit dem ganzen Gesicht, eigentlich mit dem ganzen Körper, sein Bauch zittert ein bisschen, so sehr freut er sich, mich zu sehen. »Im Rahmen meiner Möglichkeiten gut, ja«, antworte ich. Was ich immer sage, wenn mich jemand fragt, von dem ich annehme, dass er nicht wirklich etwas hören will, sondern etwas erzählen. »Nicht vergessen«, sagt Herr Baris, »du bist ein König! Du bist frei!« Er freut sich jedes Mal, wenn er mir diese Botschaft überbringen kann. Ich blicke hinunter zu Willy, der noch auf der Fußmatte sitzt und keinerlei Anstalten macht, in die Wohnung zu kommen. Sein Blick ist das Graubrot unter den Blicken. Völlig teilnahmslos. Ich habe Graubrot stets dafür bewundert, dass es sich nicht einmal die Mühe macht, wenigstens unter Broten irgendetwas darzustellen. Von Willy kann ich keine Reaktion erwarten. Aber ich weiß, was als Nächstes kommt. »Nur eins musst du dir merken«, beginnt Herr Baris, und ich beende seinen Satz für ihn. »Keine Frau mehr«, sage ich, und er ist begeistert, wie gut ich gelernt habe. »Ja«, ruft er freudestrahlend, »nicht mehr heiraten, und natürlich keine Kinder. Du bist jetzt frei! Guck mich an!« Herr Baris ist Witwer, seine Frau ist vor zwei Jahren gestorben, und wenn man nicht wie ich gesehen hat, wie liebevoll er sie jahrelang gepflegt hat, könnte das hier alles ein bisschen geschmacklos sein, aber er hat sich die Freiheit ehrlich verdient. »Ja«, sage ich, »merk ich mir.« Was ein weiteres Zittern durch seinen Bauch jagt, und durch meinen Kopf schießt der Gedanke, dass ich vielleicht lieber Witwer wäre, als einfach nur verlassen worden zu sein, ein Gedanke, der so böse ist, dass ich mich gleich dafür schäme, ihn überhaupt denken zu können. In den Eingeweiden der Wohnung fragt Tochter Nummer zwei laut nach, ob ich ihr Schulbrot schon eingepackt habe. Habe ich nicht, und es sind auch noch zehn Minuten Zeit. »Geht es dir denn gut«, frage ich Herrn Baris, um nicht in meinen eigenen Gedanken herumzutaumeln, und er breitet als erste Antwort seine Arme aus in einer Geste von Guck-mich-doch-an. »Alles gut«, ruft er, »ich bin ein König! Ich bin frei!«

»Was sagt der Arzt?«, präzisiere ich, weil mir dieser unbekannte Experte eine bessere Quelle zu sein scheint als der manische Freiheitskämpfer mit dem wackelnden Bauch in meinem Flur, und auch, damit er aufhört, so gut gelaunt zu sein um diese Zeit. »Ach«, lacht er, »was Ärzte sagen. Blablabla Cholesterin.« Er winkt mit weit ausgebreiteten Armen ab. Der kleine Teil von mir, der ihn nicht aus Sorge um seine Gesundheit nach dem Arzt gefragt hat, sondern, um das Grinsen von seinem Gesicht zu fegen, zuckt in einem letzten Aufbäumen sterbend zusammen. Ich wünschte, ich könnte auch irgendwann einmal mit ausgestreckten Armen reden. Wer macht so etwas? Es ist die unnatürlichste Sprechhaltung, die es gibt, wenn man nicht gerade Priester ist oder Zauberkünstler. Aber Herr Baris mit seinen mehr als achtzig Jahren, dem blablabla-cholesteringeblähten Bauch unter einem Pullover von 1971 und dem Grinsen auf dem Gesicht, das man satten Katzen nachsagt, jedenfalls wenn man keine Ahnung von Katzen hat, der hält die Arme immer noch weit ausgestreckt, bereit für alles, womit das Leben auf ihn werfen will. Den Kopf voller Freiheit.

In diesem Moment erhebt sich Willy betont gelangweilt von unserer Unterhaltung und streicht an meinem Bein entlang in die Wohnung. Ich mache eine vage angedeutete Geste der Katze hinterher. »Ich muss mal ran«, sage ich, »viel zu tun«, und gleichzeitig wird mir bewusst, wie absurd das klingt von mir, einem Typen, der in Schlafanzughose mit wirrem Haar im Hausflur steht und aussieht, als wäre er evakuiert worden. Wenn Herr Baris von unseren Treffen erzählt, bin wahrscheinlich ich der Verrückte. Und da durchzuckt es mich: Er will nicht reden, jedenfalls nicht nur. Er kümmert sich. Um mich. Er macht sich Sorgen. Weil er mich mag und ich sein Nachbar bin, und weil ich offensichtlich den Eindruck erwecke, man müsse sich Sorgen um mich machen. Ich spüre, dass mir gleich Tränen in die Augen schießen, deshalb mache ich einen Schritt vor und umarme ihn. Für eine Sekunde oder drei steht er verdutzt da, die Arme ausgebreitet, stockteif, dann legt er sie langsam um mich und tätschelt mir den Rücken. »Du bist ein guter Junge«, sagt er. »Du hast dein ganzes Leben noch vor dir. Aber immer dran denken …« Ich nicke. »Nie mehr heiraten«, flüstere ich, und er sieht mich stolz lächelnd an. »Genau«, sagt er, »und vor allem keine Kinder.«

Nummer eins drängt sich an mir vorbei in den Flur und wirft uns den Blick zu, den man für die ganz peinlichen Momente reserviert, also praktisch für alles, was die Eltern machen, während man selbst zwischen dreizehn und siebzehn Jahren alt ist. Ihre Beine sind wie die eines Rehs, und im Verhältnis dazu sind die Adidas Superstar an ihren Füßen groß wie die Betonklötze, welche die Mafia angeblich denen anhängt, die bei der Polizei aussagen. »Papa, ich geh jetzt los.« Ich lasse Herrn Baris los und umarme sie. Sie hält mir die Stirn hin, damit ich sie küssen kann. Nummer eins küsst selbst nicht, jedenfalls niemand Alten, doch sie erlaubt mir immer noch, sie auf die Stirn zu küssen, und ich werde jede Gelegenheit wahrnehmen, die ich noch habe, bevor die Tür ganz zugeht. Sie wird bald vierzehn, und ich fürchte mich vor dem Tag.

Willy sitzt neben seiner Futterschale in der Küche, und anders als das Anstarren von Türen ist das Anstarren von Futterschalen bei Katzen ein klares Indiz. Er hat Hunger. Und ich habe bis heute keine Ahnung, was er wirklich gerne frisst. Ich lebe mit zwei Töchtern, jedenfalls jede zweite Woche, und durchgehend mit zwei Katzen, und alle vier haben schwer durchschaubare Systeme entwickelt, bestimmte Nahrungsmittel abzulehnen. Ich beschwere mich nicht darüber, ich bin selbst genauso. Ich mag zum Beispiel nichts mit Rosinen, aber ich mag Rosinen. Das kann man niemandem erklären. Aber Willy, der mit vollem Namen Willy Brandt heißt, und Hummel, die kleine Kriegerin, haben es perfektioniert. Immer wenn ich denke, das Nass- oder Trockenfutter gefunden zu haben, das sie lieben, verweigern sie es plötzlich, bis an den Rand des Hungerstreiks, lecken nur das Gelee aus dem Dosenfutter oder beschweren sich laut maunzend. Und das sind die einfacheren Mitbewohner. Tochter Nummer eins ist in der Pubertät und ernährt sich phasenweise nur von Nutella-Toast und irgendwas aus dem Automaten im Reitstall, Nummer zwei ist Vegetarierin, hat aber etwas gegen Gemüse und mag nichts, was sich im Mund komisch anfühlt. Für die Schulpause wünscht sie sich ein Brot mit Frischkäse und bringt es an drei von fünf Tagen ungegessen wieder mit.

Leider kann ich nicht vorhersagen, welche Tage das sind, sonst würde ich ihr an den Tagen einfach eine Packung Zigaretten in die Brotdose packen und mich heimlich den ganzen Tag freuen, dass nur ich davon weiß, so wie die Lehrlinge bei Prince Charles' Schneider angeblich Penisse in das Innenfutter seiner Anzüge malen. In Wahrheit ist mein einziges Geheimnis, wie improvisiert das alles schon seit Monaten ist. Jedenfalls hoffe ich, dass es nicht jeder bemerkt. Ich bin die Hälfte der Zeit alleinerziehender Vater und fand es zu zweit schon schwierig genug. Die Wohnung, in der wir wohnen, ist immer noch die, in der wir zehn Jahre zusammen gewohnt haben. Nummer zwei kannte gar kein anderes Zuhause, bis ihre Mutter ausgezogen ist und die Kinder nun zwischen zweien wöchentlich wechseln. Ich habe monatelang versucht, alles genau so zu machen, wie meine Frau es gemacht hat, bis ich am Rande eines Nervenzusammenbruchs war und meine beste Freundin Ali mein Gesicht gepackt und mich fast angeschrien hat: »Vergiss die Blumen! Die sind scheißegal. Es haben sich Dinge geändert, und das wissen deine Kinder. Dann ist es eben ein bisschen rumpelig. Konzentrier dich auf das, was wichtig ist.«

Nummer zwei geht mit optimistischem Schwung in ihrem Schritt los, jeden Morgen, mit dem riesigen Ranzen auf dem Rücken. »Denk dran«, sage ich beim Abschied, »heute gehst du nach der Schule zu Mama.« Sie drückt mich. »Ich hab dich lieb, Papa«, sagt sie, und auch das ist neu. Sie sagt es erst, seitdem wieder ein bisschen Ruhe eingekehrt ist nach der Explosion. Seitdem alles wenigstens oberflächlich den Eindruck macht, als könne es jetzt so weitergehen, ohne dass der Schaden immer größer wird. »Ich hab dich auch lieb, Mausebacke«, sage ich. Einmal drückt sie mich noch, dann wendet sie sich abrupt ab und verschwindet in den Hausflur.

In einer Stunde muss ich zum Flughafen und hatte noch keinen Kaffee, weil die alte Espressomaschine endgültig aufgegeben hat. Vor fast zwanzig Jahren habe ich sie gebraucht gekauft, und irgendwann musste ich lernen, die Dichtungen selbst zu wechseln, weil der Mensch, zu dem ich sie zur Wartung gebracht hatte, sich plötzlich geweigert hat. »Du stellst mit Vorkriegstechnologie unter Lebensgefahr zwei Espressi her, bevor sie wieder aufheizen muss«, hat er geschimpft, »es ist Zeit für etwas Neues.« Seitdem habe ich die Wartung selbst gemacht, und ich hing an dem Ding, bis letzte Woche trotz neuer Dichtungen heißes Wasser herauslief. Sie funktioniert nicht mehr, das musste selbst ich einsehen, gegen meinen Willen. Vielleicht trenne ich mich einfach schwer. Das Ergebnis ist jedenfalls, dass ich gar keine Maschine mehr habe und jetzt Vor-Vorkriegstechnik benutze.

Ich fülle also Wasser in den kleinen Mokkatopf mit dem langen Griff, mit dem ich griechischen Kaffee mache, und stelle ihn auf die kleinste Herdplatte. Ein Löffel Zucker. Zwei Löffel Mokkapulver. Höchste Hitze. In Griechenland steht in jeder Küche einer dieser kleinen Campinggaskocher, nur für den Kaffee, und das ist sinnvoll, denn auf dem Herd dauert es ewig, bis der Kaffee aufkocht. Wenn es schließlich so weit ist, besteht nur ein Fenster von etwa zwei Sekunden, in denen man den Topf von der Flamme nehmen muss, sonst kocht er über, und die dicke, pulvrige Creme brennt sich wie Lava-Asche in die Herdplatte. Es ist eine Glaubensfrage, wie oft der Kaffee in dem Aluminiumtöpfchen aufkochen muss, damit er perfekt schmeckt. Ich glaube, zwei Mal.

Willy maunzt. Ich weiß nicht, was mich abgelenkt hat, aber ich habe ihm noch nichts zu fressen gegeben. Ich hole eine Dose aus der Kammer neben der Küche, und Hummel kommt angelaufen, angelockt durch das Geräusch der Kammertür. Sie streichen aufgeregt um meine Arme, als ich das Futter in ihre

Näpfe fülle. Am liebsten würden sie mich wegdrücken. Dann stürzen sie sich darauf. Hummel beginnt sofort zu fressen, Willy schnuppert und dreht sich gelangweilt weg. »Was willst du eigentlich«, schnauze ich ihn an, »das ist völlig adäquates Katzenfutter! So teuer, wie das war, wärs wahrscheinlich sogar adäquates Menschenfutter, du Biest!« Er sieht mich an, und seine schräge Zeichnung lässt ihn aussehen, als würde er den Mund verziehen. Ich glaube für einen Moment, ein Fauchen zu hören, doch es ist nur der Mokka, der sich über den Rand des Topfes ergießt und auf der Herdplatte zu Asche verbrennt. »Verdammt!«

Nachdem ich den größten Teil der Sauerei aufgewischt habe, setze ich mich mit dem Rest des Kaffees und einer Zigarette vor die Küchentür. Ich habe noch eine halbe Stunde, bis ich losmuss, und ich muss noch duschen und packen für drei Tage New York, nur kann ich mich gerade nicht bewegen. Ich sehe dem Sekundenzeiger meiner Armbanduhr dabei zu, wie er vorwärtsstrebt, zuverlässig und ungeachtet der Tatsache, dass die Welt eigentlich aufgehört hat, sich zu drehen. Das macht sie seit Monaten so: Mir einfach nicht zugestehen, dass es nicht weitergeht. »Nie wieder eine Frau«, hallt der Satz des Alten in meinem Kopf, und ich spüre die Kraft, die davon ausgeht, dass nicht ich diesen Satz gesagt habe, sondern jemand anders. Manchmal braucht man das, denn zu manchen Sätzen hat man kein klares Verhältnis. Selbst wenn man weiß, dass sie wahr sind, muss man sie nicht annehmen, weil man sie nicht wahrhaben will. Am Ende sagen sie immer: »Du musst dein Leben ändern.« Das ist praktisch nie eine Erkenntnis, sondern ein Seufzer. »Nie wieder eine Frau« ist auch so ein Satz, den ich Tausende Male gesagt, geflucht und geweint habe, ohne ihn wirklich zu glauben. Jetzt kann ich ihn annehmen und wegstoßen zugleich, so wie diesen anderen Satz, den ich mir so oft gesagt habe und den ich nicht annehmen konnte, und der bis heute in meinem Kopf nur mit der Stimme meiner Frau zu hören ist. Die schlimmsten drei Worte in jeder Sprache der Welt: »Es ist vorbei.«

2

New York schläft. Natürlich schläft New York, jede Stadt schläft irgendwann, es ist Unsinn, was sie uns erzählen, wer immer auch »sie« sind. Derjenige, der niemals schläft, bin ich, aber morgens um 4:21 Uhr bin ich allein auf der Straße, nur zwei Blocks vom Times Square entfernt, wo die Leuchtreklamen ihre Pflicht tun und Leben simulieren, während die wirklich Lebendigen höchstens deshalb wach sind, weil sie zum Klo schlurfen, bevor sie zurück in einen weichen, warmen Schlaf sinken. Sie werden sich am Morgen nicht einmal erinnern können, dass sie wach waren, während der kalte Wind in mir das Gefühl auslöst, ich würde mich gerade an alles erinnern, was ich je erlebt habe.

Für meinen Körper ist es Vormittag, und ich bin längst über den toten Punkt hinweg. Der einzige Mensch, den ich sehen kann, ist ein Mann, der seinen Falafelstand für den Tag vorbereitet. Irgendwo müssen gerade Hunderte, vielleicht Tausende Hände damit beschäftigt sein, Falafel zu rollen. Irgendwo muss es Leben geben in dieser Stadt, hier ist es nicht.

Luxushotels sind wie die größeren Jungs damals im Freibad, aber anstatt nasser Handtücher schlagen sie dir höhnisch den Satz »Zu Hause ist es doch am schönsten« um die Ohren, wenn du aus Versehen Augenkontakt mit ihnen hast. Zu Hause ist es nicht am schönsten, wenn es um die Möbel geht, um die perfekten Betten, das sorgsam arrangierte Licht. Ich wohne zur Miete, seitdem ich vor mehr als zwanzig Jahren bei meinen Eltern ausgezogen bin, und bisher hat noch fast jeder meiner Vermieter Raufaser für eine angemessene Tapete gehalten. Zu Hause ist es dann am schönsten, wenn du es als den Ort definierst, an dem dein Herz wohnt. Und schlägt, anstatt in kleinen Fitzeln über die hässliche Tapete verteilt zu sein.

Ich habe eine schlaflose Nacht damit verbracht, auf dem Smart-TV in meinem Zimmer das extrem begrenzte Angebot durchzuforsten, das man hat, wenn man sich in Amerika mit einem deutschen Account bei Netflix einloggt. Vielleicht ist es auch gar nicht so begrenzt, sondern ich bin begrenzt, weil ich nichts mehr gucken kann, in dem glückliche Paare vorkommen oder unglückliche, Kinder in physischer oder emotionaler Gefahr, Horror, realistische Gewalt oder alternde Männer. Ich brauche es im Moment harmlos und künstlich. Am Ende habe ich ungefähr drei Staffeln *Friends* gesehen, nur unterbrochen von Zigarettenpausen unten vor der Tür. Den Luxus, im Bett zu rauchen, kann man nicht einmal mehr kaufen. Ich gehe gemächlich zurück in Richtung Central Park, während die Sonne langsam aufgeht, nicht um zu wärmen, sondern um die Kälte zu beleuchten.

In der Suite, in der wir auf unsere Interview-Slots warten, gibt es winzige Brötchen und riesige Bildschirme, auf denen eine Art 20-minütiger Trailer für den Film läuft, wegen dem wir hier sind, *Demolition*. Jake Gyllenhaal spielt darin einen jungen, reichen Yuppie, der seine Frau bei einem Autounfall verliert und danach feststellt, dass sein ganzes Leben eine einzige sinnentleerte Fassade ist, die er einreißen muss. Manchmal ist auch Kino wie die großen Jungs im Freibad, nur dass sie dieses Mal Steine in ihre Handtücher wickeln.

Ich sitze allein im Raum mit einer jungen amerikanischen Kollegin, die für ein Filmblog schreibt. »Wo kommst du her?«, fragt sie, und als ich »Deutschland« sage, erwidert sie erst strahlend »oh, great« und denkt dann kurz nach. »Darf ich dich etwas fragen?«
»Natürlich.«
»Ist Deutschland ein sozialistisches Land?«
»Nein. Ein Teil war es mal, aber heute: nein.«
Sie denkt wieder nach.
»Kann ich noch was fragen?«
»Klar!«
»Was wäre ein sozialistisches Land?«
Ich bin mir nicht ganz sicher, was sie meint. »In der Theorie«, sage ich, »ist das System des Sozialismus, dass jeder nach seinen Möglichkeiten beiträgt und nach seinen Bedürfnissen versorgt wird.« »Nach seinen Bedürfnissen versorgt«, wiederholt sie, »schön.« Jetzt guckt sie schon fast ein bisschen verklärt. »Ich muss mir das aufschreiben!« Sie hat ihr Notizbuch vor sich liegen, und irgendwo zwischen den Fragen an Jake Gyllenhaal und Naomi Watts notierte sie sich das Prinzip des Sozialismus.

»In der Praxis hat es aber noch nie funktioniert«, unterbreche ich ihre Begeisterung. Sie sieht abrupt von ihrem Notizbuch auf. »Ist das schon versucht worden?«

»Ja, in einem großen Teil der Welt. Und es endete immer in Diktaturen.«

Sie wiegt ihren Kopf hin und her. »Aber«, irgendetwas Positives will ich doch noch sagen, »jede normale Familie funktioniert ungefähr so.« In dem Moment kommt eine der ewig strahlenden PR-Damen der Filmfirma und holt sie ab zu ihrem ersten Interview. »Noch zehn Minuten«, sagt sie entschuldigend zu mir, obwohl wir gut in der Zeit sind, »Jake ist gleich so weit.«

Die schwarze Neusozialistin lächelt mir ein letztes Mal zu. »Es war wirklich nett, mit dir zu reden.« Ich hebe die rechte Faust zum Gruß, bevor ich mir überlegen kann, ob sie das als falschen Black-Panther-Gruß missverstehen und irgendwie rassistisch finden wird, doch sie lächelt weiter. Ich gucke ihr hinterher, als sie hinausgeht, fasziniert von ihrer Begeisterung, einem Menschen zu folgen, dessen Überzeugungen sie höchstens emotional versteht. Wahrscheinlich gar nicht. Dann fällt mir ein, dass das ziemlich genau die Art war, in der ich geheiratet habe. Jede Familie funktioniert ungefähr so. Solange sie funktioniert.

Nach genau neun Minuten kommt die PR-Frau zurück. »Du kannst schon mal mitkommen«, sagt sie, und ich folge ihr den Flur mit dem weichen Teppich entlang, der alles weich macht, die Schritte, die Geräusche, die Gedanken. Die nächste Frau übernimmt, Gyllenhaals persönliche Pressefrau, sein Publicist. »Hey, nett, dich zu treffen. Du bist den ganzen Weg aus Deutschland gekommen? Großartig!« »Danke, dass ich hier sein kann«, antworte ich. Ob ich das wirklich meine, weiß ich nicht.

Das Wohnzimmer seiner Suite ist viel spärlicher möbliert, als ich es erwartet hätte, kaum mehr als ein kleines Sofa, ein Tisch und zwei gepolsterte Stühle. Jake Gyllenhaal kommt aus dem Bad, größer und dünner, als ich mir vorgestellt hatte, mit einem angedeuteten Vollbart im schmalen Gesicht. Er gibt mir die Hand und begrüßt mich ruhig, fast schon sanft. »Wie geht es dir«, fragt er, und obwohl ich weiß, dass es eine Floskel ist, kommt es mir vor, als wolle er es tatsächlich wissen. »Danke, dass du dir die Zeit nimmst«, sage ich, auch eine Floskel.

Er wendet den ältesten Trick der Gesprächsführung an: Einer nur halb beantworteten Frage keine weitere folgen zu lassen, sondern die Stille länger auszuhalten als das Gegenüber, denn praktisch jeder Mensch hat den Impuls, Stille zu füllen.

Er sieht mich an, als würde ihn wirklich interessieren, wie es mir geht, und obwohl mir klar ist, dass es ihm unmöglich etwas anderes sein kann als egal, kann ich nicht anders. »Es ist ein schöner Film«, sage ich, »und falls du dich jemals fragen solltest, warum Filme wichtig sind: Ich gehe gerade durch eine Trennung, und dein Film hat mich sehr berührt.« Er zeigt aufs Sofa. »Tut mir leid zu hören«, sagt er, während er sich mir gegenüber auf einen Stuhl setzt. Ich lege mein Telefon zwischen uns und stelle die obligatorische Frage, ob es okay ist, wenn ich das Gespräch aufzeichne. Natürlich ist es das.

Ich beginne mit einer harmlosen Frage, um zu sehen, ob er ins Erzählen kommt. »Du hast für den Film Bulldozer fahren gelernt. Macht das Spaß?« Auch wenn uns beiden klar ist, dass das nicht das Thema unseres Gesprächs sein wird, erzählt er tatsächlich. »Na ja, ich habe es ein bisschen gelernt, es ist nicht so schwer. Das mochte ich an dem Film von Anfang an: auf unkonventionelle Art zu zeigen, wie jemand die Entdeckung seiner selbst durchläuft, ohne dass es dazu eine große Erleuchtung braucht. Ein Verlust muss kein Leitmotiv werden. Oft laufen wir herum und wissen gar nicht, dass wir uns verloren haben, deshalb ist die Feststellung, dass es so ist, der erste schöne Schritt dahin, herauszufinden, wohin du gehen willst.«

Er hatte beim Sprechen den Blick auf die Tischplatte gesenkt, jetzt sieht er mich direkt an, und mir wird wieder die Absurdität bewusst, dass es scheint, als würde er mir gerne helfen. Er hat am College Buddhismus studiert und spricht mit der Weisheit derjenigen, die ihre Gedanken nicht erst entwickeln, wenn sie gefragt werden, sondern vieles schon mal durchdacht haben. Oder erlebt. Also frage ich ihn. Danach, wie man überlebt. Wie man den Schmerz aushält. Wie man trauert.

»Ich denke, der einzige Weg, sein Leben zu leben, ist, jeden Tag auf deine Gefühle zu hören. Das ist Übungssache. Wir richten zu hart über unsere Gefühle und Nichtgefühle. Ich kann da nur von mir sprechen. Ich bin sehr voreingenommen und habe nicht genug Geduld, Dinge geschehen zu lassen. Oder sie eben nicht geschehen zu lassen. Ich kann niemandem sagen, wie er durch irgendwas durchkommt, außer dem hier: Wenn du deinen Gefühlen näher bist, bist du näher bei dir.«

»Sind Sensibilität und Stärke ein und dasselbe?«, frage ich.

»Absolut. Aber du kannst nicht herumlaufen wie eine offene Wunde. Du musst wissen, wie du dich verteidigst.«

Wir sprechen eine halbe Stunde. Als wir uns verabschieden, bedanke ich mich bei ihm. »Ich hoffe, alles wird gut«, sagt er. Dann bin ich draußen, setze meine Kopfhörer auf und wandere stundenlang durch die Straßen von Manhattan, ohne wirklich zu bemerken, wo ich gerade bin, mit den immer gleichen Gedanken im Kopf: Ich werde das überleben. Ich werde leben. Und ich werde glücklich sein.

3

Ausgesucht habe ich mir das nicht. Im Gegenteil: Ich wollte es nicht. Ich war verliebt in eine Frau, und der Tag, an dem sie mich geheiratet hat, war der glücklichste meines Lebens. Ich wollte, dass es so bleibt, bis der Tod uns scheidet. Aber es war nicht der Tod, auch wenn es sich so anfühlte.

Am Flughafen Newark verläuft die Warteschlange noch vor der Sicherheitskontrolle quer durch die Halle, eine von diesen Schlangen, die durch mobile Absperrungen in künstliche Serpentinen gezwungen werden, sodass man hundert Meter weit gehen muss, obwohl man nur zehn Meter vom Checkpoint entfernt steht. Zwei Polizisten mit Hunden drängen sich durch die Wartenden und lassen sie an uns schnüffeln, an den abgestellten Taschen, den Hosenbeinen, den Schuhen. Es ist das erste Mal, dass ich die Bombenspürhunde so nah erlebe, und für den Bruchteil einer Sekunde, bevor ich verstanden habe, wonach sie suchen, denke ich instinktiv, der Hund wollte an meinem Hintern riechen, wie es Hunde untereinander tun. Ich zucke mit der Hüfte, als hätte mir jemand einen Klaps gegeben. Es geht vorwärts, wenn auch derart langsam, dass man den leeren Raum vor sich ansammeln muss, bis es sich alle paar Minuten lohnt, die abgestellte Tasche mit dem Fuß den gewonnenen halben Meter vorwärtszuschieben. Es hatte geheißen, man solle mindestens zwei Stunden vor Abflug hier ankommen, aber bei diesem Abfertigungstempo habe ich trotzdem Angst, die Zeit könnte knapp werden. Warten unter Zeitdruck ist eine harte Prüfung für die innere Ruhe. Es kommt, wie es kommt, sage ich mir, und versuche, mich darauf zu konzentrieren, was Jake Gyllenhaal gesagt hatte, doch in Wahrheit schießt mir immer wieder ein Gedanke durch den Kopf: Das ist dein Leben. Du wartest auf etwas Großes, das nicht in deiner Hand liegt, und du bewegst dich, wenn überhaupt, nur ächzend langsam darauf zu, meistens nur hin und her. Und wenn dir jemand nahe kommt, dann ist es ein Hund auf der Suche nach Bomben.

Als ich an der Sicherheitskontrolle abgetastet werde, versuche ich, mich zu erinnern, wann ich das letzte Mal von einem Menschen berührt wurde, jenseits von Händedruck oder einer Hand auf der Schulter. Es fällt mir nicht ein.

Endlich im Flugzeug, habe ich eine Sitzreihe für mich allein, also, die beiden Sitze links außen in einer Boeing mit zwei Gängen. Ich fliege gern. Flugzeuge sind für mich die sichersten Orte der Welt, nicht nur wegen der Statistik, die sagt, dass Flugzeuge es tatsächlich sind, sondern weil hier keine Handys erlaubt sind, kein Internet und überhaupt keine Kommunikation über den Sitzplatz neben mir hinaus möglich ist. Niemand kann etwas von mir wollen oder erwarten, höchstens die Entscheidung zwischen »Chicken or Beef« oder einem süßen oder salzigen Snack. Der Luftdruck in der Kabine wird so weit gesenkt, dass er etwa demjenigen auf einem 2500 Meter hohen Berg entspricht, was bedeutet, ich schlafe meistens sofort ein. Ich wäre der müdeste Bergsteiger der Welt, mein Lebensraum liegt auf Meereshöhe. Oder gleich auf dem Meer.

Aber dieses Mal kann ich nicht schlafen. Ich setze die Kopfhörer auf, mit denen man die Geräusche der Turbine so weit herausfiltern und neutralisieren kann, dass es still wird mitten im größten Lärm. Die gleiche Stille, die einsetzt, wenn das Gehirn etwas nicht verarbeiten kann, wenn zum Beispiel dein Reifen platzt auf der Autobahn und dein Wagen anfängt, sich zu drehen, oder wenn die Liebe deines Lebens vor dir steht und sagt: »Wann verstehst du es endlich, ich bin weg.« Es ist eine besondere Stille, weil die verschiedenen Reize nicht mehr zueinanderpassen. Das Gehirn läuft leer im Widerspruch dessen, was die Welt sein sollte und was sie tatsächlich ist.

Um die Stille zu verdrängen, höre ich Jack Garratt und Badly Drawn Boy und befülle dabei meine Nicorette, dieses altmodische Ding, das aussieht wie die Mischung aus einer weißen Zigarettenspitze und einem Tampon aus Plastik, in das man Patronen mit flüssigem Nikotin steckt und dann daran zieht wie ein Irrer, bis einem schwindlig ist, was wahrscheinlich mehr am irren Ziehen liegt als am Nikotin.

»Du kannst nicht ständig herumlaufen wie eine offene Wunde«, hat Jake Gyllenhaal gesagt, und genauso sicher, wie ich weiß, dass er recht hat, weiß ich, dass es mir nicht gelingen wird. Die Wunde ist offen. Bei dem Gedanken, meine Lebenshilfe von einem Hollywoodstar zu bekommen, muss ich etwas lachen, aber das macht sie letztlich nur schwerer zu ignorieren. Eine Stewardess geht durch den Gang ins Heck des Flugzeugs und lächelt mir im Vorbeigehen zu. Sie strahlt die Resolutheit jener Menschen aus, die vollkommen korrekt aussehen. Ihre Haare sitzen perfekt, jede Strähne am richtigen Ort, und ihre Uniform passt unvorstellbar genau, als hätte sie Modell dafür gestanden, jede Linie so, wie sie fallen soll, kein Spannen und kein Flattern irgendwo. Keine einzige Falte. Sie hat den Gang derjenigen, die daran gewöhnt sind, Dinge zu regeln, freundlich, aber bestimmt. Nichts an ihr ist ausfernd oder lose. Einen Augenblick später steht sie wieder da, mit einem Wagen voller Getränke, und lächelt mich abermals an, ein bisschen mehr, als ich es von Stewardessen gewohnt bin. Mehr als nur professionell freundlich. Ich bestelle einen Gin Tonic und lächle zurück, auch ein bisschen mehr, als ich es normalerweise mache, zumindest ist mir jedes Zucken meiner Gesichtsmuskeln bewusst bei dem Versuch, nicht in ein dämliches Grinsen abzurutschen. Sie ist wahrscheinlich zehn Jahre jünger als ich, und gleichzeitig zehn Jahre bestimmter in ihrem Auftreten. Wie es Menschen sind, die zweifelsfrei wissen, was sie gerade tun, und dabei auch noch ganz und gar einverstanden sind damit. Das Gegenteil von mir.

Sie ist blond, mit hohen Wangenknochen, die ihren Augen etwas Mandelförmiges geben, fast asiatisch. Dabei ist sie ziemlich groß, möglicherweise größer als ich, mit langen Beinen und einem Körper, der gesund aussieht, schlank, ohne knochig zu sein, zu rund für ein Model, für eine deutsche Fluglinie jedoch wie gecastet, fast ein Klischee. Ich stelle mir vor, wie sie ihr Leben zu Hause regelt, mit freundlicher Präzision, gnadenlos gründlich. Sie bezahlt ihre Rechnungen pünktlich und hat wahrscheinlich rechtzeitig zum Frühlingsanfang nächste Woche einen Termin gemacht, damit die Werkstatt ihr die Sommerreifen auf ihren VW Polo aufziehen kann, den sie als Jahreswagen gekauft hat, das Einzige in ihrem Leben, was sie über Raten finanziert. Ihre Augen sind blau mit einem Stich ins Grünliche.

Ich tauche wieder aus meinen Gedanken auf, als sie etwas sagt. Zu spät, ich habe es verpasst. »Wie bitte?« Sie sieht mich fragend an. »Sie haben was gesagt, und ich war ...« Ich wedle mit dem Zeigefinger neben meiner Schläfe, das internationale Zeichen für Verwirrtheit.

»Ich habe gesagt, wegen Kaffee komme ich noch mal nach dem Essen.«

»Oh«, sagte ich, »ja, klar, jederzeit. Ich werde da sein.« Sie lacht. Dabei wirft sie den Kopf ein ganz kleines bisschen nach hinten, wirklich nur einen Hauch, aber es ist ihre erste unkontrollierte Bewegung. Und gleichzeitig die schönste. »Ja«, sagt sie, »ich wäre Ihnen dankbar, wenn Sie nicht zwischendurch aussteigen.«

»Jetzt nicht mehr«, antwortete ich, »jetzt, wo ich das weiß.« Sie lacht noch einmal. »It's a date!«

Dann schiebt sie ihren Trolley weiter. Nächste Reihe. Nächstes Getränk. Wieder kein Tomatensaft. Angeblich trinken viele Menschen in der Luft Tomatensaft, ich sehe das nie. Tomatensaft und Wale sind Mythen für mich: Ich war schon mehrfach an Stellen auf der Welt, an denen man praktisch garantiert Wale sehe, doch kaum war ich dort, tauchte nie einer auf. Genauso ist es mit mir und Tomatensaft im Flugzeug. Ich bin sicher, unzählige Flugreisende trinken ihn, nur nie, wenn sie in meiner Nähe sitzen. Vielleicht liegt es an mir.

Was, wenn sie in meinem Leben wäre? Die Stewardess? Als meine Freundin? Lebensgefährtin? Meine zukünftige Lieblingsfrau? Der Gedanke trifft mich ein bisschen unvorbereitet, viel zu heftig. Ich habe in den vergangenen Monaten Frauen gesehen, die mir sympathisch waren, oder die ich attraktiv fand. Ich hatte mir vorgestellt, sie zu küssen. Sie nackt an die Wand zu werfen. Einmal, bei einer Frau, die ich aus dem Zug heraus gesehen habe, wie sie am Bahnsteig gegenüber auf der Bank saß, die Füße hochgelegt auf ihrem abgestellten Rucksack, habe ich mir vorgestellt, wie wir zusammen durch Südamerika trampen und im Regenwald an einen See kommen, der von einem kleinen Wasserfall gespeist wird. Doch bisher hatte ich mir bei keiner vorgestellt, dass sie einmal Teil meines Lebens sein könnte. Dass sie mit mir zusammen aufwachen könnte an einem stinknormalen Mittwochmorgen, und ihre schmutzige Wäsche läge vor dem

Bett, und während sie die Jeans aufhebt, die sie noch einmal anziehen will, kickt sie die Socken und die Unterhose in Richtung der Zimmertür, um sie gleich auf dem Weg in die Küche mitzunehmen. Ich habe mir nie vorgestellt, dass ich noch einmal im Leben eine Frau sehen würde, die für die Steuererklärung Taxiquittungen auf weiße DIN-A4-Blätter klebt und dabei viel zu laut *More Than This* von Roxy Music hört. Diesen Teil meines Lebens gibt es einfach nicht mehr. Aber jetzt ist er auf einmal wieder da, mit dieser kleinen Geste, diesem Zentimeter, den sie ihren Kopf zurückwirft, wenn sie lacht. In diesem Moment, knapp elf Kilometer über dem Atlantik, kommt mir der Gedanke, dass es eine zukünftige Lieblingsfrau geben könnte, die gerade irgendwo auf der Welt herumläuft, oder hier mit mir in diesem Flugzeug, und die ich treffen werde, kennenlernen, und lieben. »Du kannst nicht herumlaufen wie eine offene Wunde« – und das muss ich auch nicht, ich kann es nicht einmal, weil die Wunde heilen wird und ich glücklich werde. Meine zukünftige Lieblingsfrau existiert, ich bin mir plötzlich ganz sicher, und ich bemühe mich, ihr in Gedanken nicht das Gesicht der Stewardess zu geben. Es ist an der Zeit. Ich werde rausgehen und sie finden. Und lieben.

In dem Moment, in dem ich das denke, überkommen mich Zweifel. Alles noch einmal von vorn, das ganze Programm? Jemanden kennenlernen, also, richtig kennenlernen, ganz und gar, und gleichzeitig kennengelernt werden, mit all den frustrierenden Missverständnissen, die entstehen, weil am Anfang alles 100 Prozent ist? Wer beim ersten Date Pizza essen geht, dabei Cabernet Sauvignon trinkt und nebenbei erwähnt, er hätte sich am Nachmittag mit seiner Schwester getroffen, der hat jedes Mal vor dem Pizzaessen seine Schwester getroffen und immer Cabernet getrunken. Und wenn etwas immer so ist, dann kommt man leicht auf die Idee, es für Realität zu halten. Ich war nach zehn Jahren Ehe endlich so weit, dass ich dachte, ich hätte wenigstens ein paar der Widersprüchlichkeiten im Wesen meiner Frau verstanden. Und das alles jetzt noch mal von vorn?

»Darf ich Sie was fragen?« Ich schrecke hoch und sehe das Gesicht der Stewardess vor mir. Ganz feine Lachfalten um die Augen. Und Lachen in den Augen. Habe ich etwa doch geschlafen? »Die Antwort ist wahrscheinlich Ja«, sage ich.

»Ja, ich darf Sie was fragen?«

»Das sowieso. Aber die Antwort auf das, was Sie fragen, ist wahrscheinlich auch Ja«, sage ich, »höchstwahrscheinlich.«

Ihr Lächeln wird ein Grinsen. »Ich wollte eigentlich fragen, was das ist, woran Sie die ganze Zeit ziehen?« Sie zeigt auf meinen Nikotinsauger. Ich bin ein bisschen enttäuscht. Ich hatte wirklich gedacht, sie wollte mich fragen, was ich abends vorhabe, wenn wir gelandet sind. Ernsthaft. Ich weiß, wie unsinnig das klingt, aber so, wie sie gelächelt hatte, dachte ich, ich hätte eine Chance. Ich erkläre ihr mein altes Nikotinsaugsystem samt der Online-Apotheke, bei der ich die Patronen bestelle. »Wollen Sie mal ziehen?«, frage ich, und sie guckt sich um, als hätte ich ihr einen Joint angeboten, bevor sie es tatsächlich probiert. »Die Kolleginnen sind alle total neidisch, seit sie das Ding gesehen haben«, sagt sie. Und dann: »Danke.« Sie dreht sich zum Gehen. »Wir sehen uns zum Kaffee«, sage ich, und sie lächelt mir über ihre Schulter hinweg zu. Schon wieder eins von diesen Lächeln. Ich darf nicht mehr einschlafen. Ich muss etwas tun. Und nachdenken. Ich muss unbedingt nachdenken.

Aus der Handgepäcktasche unter meinem Vordersitz hole ich mein Notizbuch. Ich denke besser, wenn ich schreibe. Manchmal weiß ich überhaupt erst, was ich denke, wenn ich es aufgeschrieben habe. »Meine zukünftige Lieblingsfrau«, beginne ich. Und schon fällt mir nichts mehr ein. Ich weiß ja nichts über sie. Es ist bizarr, wie sicher ich mir immer noch bin, dass es sie gibt, und zwar wirklich diese eine, die für mich gemacht ist, obwohl ich nicht mehr über sie weiß als das: Es gibt sie, und ich werde sie lieben. Vielleicht das noch: Angesichts meiner Position in einer fliegenden Metallröhre über dem Ozean ist sie gerade entweder sehr nah bei mir oder sehr weit von mir entfernt, was mir nicht wirklich weiterhilft.

»Lieblingsfrau« schreibe ich noch einmal und unterstreiche das »frau«, weil ich irgendetwas tun möchte und zumindest da sicher bin. Ich bin Anfang vierzig und nehme an, wenn ich schwul wäre oder wenigstens bisexuell, hätte ich das inzwischen bemerkt, auch wenn man niemals nie sagen soll. Ich blicke auf den Strich unter dem Wortteil »frau«. Dann unterstreiche ich das »Lieblings«. Ich weiß nichts über sie. Ich werde sie kennenlernen müssen. Aber könnte ich ihr etwas erzählen, über mich?

»Liebe zukünftige Lieblingsfrau«, schreibe ich. Den Anfang eines Briefes. Ich werde ihr von mir erzählen, und wer weiß, möglicherweise gebe ich ihr den Brief einfach, wenn ich sie irgendwann treffe, und muss dann ein bisschen weniger erklären, vor allem weniger improvisieren. Das ist doch eigentlich eine perfekte Idee.

Als jemand sanft an meiner Schulter rüttelt, wache ich auf. Es ist die Stewardess von vorhin. Ich schrecke hoch. »Oh«, sage ich, »der Kaffee?« Sie lacht. Wirft den Kopf den Zentimeter zurück. Strahlende Zähne.

»Wir landen in zwanzig Minuten«, sagt sie. »Sie haben den ganzen Flug über geschlafen.« Ich blicke sie ungläubig an. »Und was«, beginne ich, »was ist mit unserem Kaffee?« Sie guckt mich an mit einem »Was soll ich bloß mit dir machen«- Blick. Schließlich lächelt sie. »Ich gehe nachher auf eine Vernissage«, sagt sie, »vielleicht sehe ich Sie ja dort?« Sie zeigt auf mein Notizbuch. »Darf ich?« Ich gebe es ihr, und sie schreibt

eine Handynummer hinein. Und einen Namen darunter. Nele.
»Kaffee geht auf mich«, sage ich.

Liebe zukünftige Lieblingsfrau,
ich werde so wahnsinnig müde, wenn ich daran denke,
dass ich mich noch mal komplett erklären muss. Alles
noch mal von vorne: Wer ich bin und wo ich herkomme,
mein Verhältnis zu meinen Eltern und Schwestern und
warum ich mit über vierzig immer noch keine eigene
Frisur habe, sondern einfach immer die benutze, die
meine Friseurin mir gerade mitgibt. Deshalb dachte
ich, ich mache es jetzt einmal so. Ich schreibe mit,
dann muss ich es dir nur zeigen, sobald du auftauchst.
Oder falls ich dich irgendwann angucke und feststelle,
dass du schon längst da bist. Dann ist es gleichzeitig
die Geschichte, wie wir uns getroffen haben.
Vielleicht waren wir neulich zusammen bei einer
Vernissage, was eine überragend gute Umgebung ist für
ein erstes Date, falls es das war. Ich mochte es, als du
mir gezeigt hast, welches dein Lieblingsbild ist, und ich
hatte das Gefühl, ich hätte etwas über dich erfahren,
auch wenn ich beim darüber Nachdenken nicht den
Hauch einer Idee habe, was genau. Es ist nicht so
konkret wie Musik. Oder Bücher. Oder Filme. Das ist
nämlich das Ding, wenn man sich erklären muss: Man
legt so wahnsinnig viel fest, am Anfang, und später
dauert es ewig, bis man drüber weg ist. Ich weine jedes
einzelne Mal am Schluss von Armageddon, *und ja,*
ich weiß, dass der Film cheesy ist. Ich möchte bitte nicht
darüber definiert werden. Aber wie viele Arthouse-

Filme muss man im Original mit Untertiteln gemeinsam gucken, bis man endlich bei Armageddon *als 19. Wiederholung nachts auf Pro 7 weinen darf, ohne dass es heißt, man hätte einen schrottigen Filmgeschmack? Bilder sind einfacher. Bildende Kunst muss schon brachial abstoßend sein, bis man richtig verachtet werden kann für ein Bild, das einem nun mal gefällt.*

Ich mochte das Bild, das an diesem Abend dein Lieblingsbild war. Ich würde es nicht wiedererkennen, weil ich in Wahrheit fasziniert darauf geguckt habe, wie du deine Bierflasche gehalten hast, und wie du den Mund spöttisch verziehst, bevor du lachst. Und wie du lachst. Das ist die gute Seite daran, wenn man noch einmal anfangen muss. Oder kann. Dass man die kleinsten Dinge mag. Dass man bemerkt, was man lieben würde, wenn es dazu käme. Aber was mache ich, wenn das alles so bleibt? Dann muss ich dich irgendwann meinen Eltern vorstellen, was einfach wird, und zugleich schwer, weil ich immer zu dir gucken werde und mir vorstellen, dass du gerade denkst, ah, jetzt verstehe ich, warum er so und so ist, das hat er von seinem Vater. Muss ich da wirklich noch mal durch?

Ich bin so müde, ich weiß gerade nicht, wo die Energie herkommen soll. Und auf der anderen Seite glaube ich, dass sie kommt, wenn sie kommen muss. Oder sagen wir: Ich hoffe es.

Übrigens, zu meiner Verteidigung: David Beckham hat in einem Interview gesagt, er weint jedes Mal bei Armageddon. *Das ist vielleicht nicht das beste Vorbild für Kunstgeschmack, das sehe ich ein, aber hey, David Beckham!*

Gehst du noch mal mit mir aus? Es muss ja nichts bedeuten. Nicht gleich. Vielleicht nie. Aber vorsichtshalber gehen wir nicht ins Kino. Oder gerade. Was weiß ich denn?

Vielleicht schreibe ich das für dich.

4

Ich habe seit Wochen nichts Vernünftiges mehr geschrieben. Die Sätze fließen einfach nicht. Ich sitze an meinem Küchentisch zu Hause, tippe das Interview ab und übersetze es gleichzeitig. Meine Stimme auf dem Band klingt fremder als je zuvor. Ich habe keine Ahnung, wer dieser Mensch ist, der da Fragen stellt und sich anhört, als hätte er Scherben im Mund und würde ihn kaum bewegen, um sich nicht zu verletzen. Diese Stimme hat nichts mit mir zu tun. Sie ist unangenehm, ich würde alles tun, um sie nicht mehr zu hören.

Schreiben ist eine Kampfkunst, jeder Satz ist eine Reaktion auf den Satz davor, und du musst deinen Kopf genau so weit kontrollieren, dass er rauslässt, was du kannst, ohne es zu sehr zu überdenken. Ein Boxer, der darüber nachdenkt, wie er einen Angriff beantwortet, wird getroffen werden, bevor er seine Gedanken sortiert hat. Ein unüberlegter Boxer wird Dinge versuchen, die er nicht kann. Ich weiß, dass das hier meine Chance ist, endlich wieder mal etwas zu schreiben, das gut ist. Die guten Sätze sind ja da, Jake Gyllenhaal hat sie gesagt. Ich muss sie nur hören, übersetzen und in die Maschine tippen. Wenn nur diese Stimme auf dem Band nicht wäre, die angeblich meine ist.

Ich stehe auf und rauche eine Zigarette an der Küchentür. Willy Brandt setzt sich neben mich, und wir blicken hinaus in den sanften Regen. »Du kannst nicht herumlaufen wie eine offene Wunde.« Ich sehe meinen Kater an, der ungerührt in den Garten starrt und keinen Grund sucht, um nach draußen zu gehen. »Wer hat denn gesagt, dass wir überhaupt herumlaufen müssen«, frage ich ihn. Er blickt nicht einmal hoch. Ich nehme einen letzten Zug und blase den Rauch hinaus in die Nacht, die Schwaden beleuchtet vom Licht, das aus der Küche fällt. »Okay«, sage ich, »du hast ja recht. Ich gehe aus.«

Ich klappe das Notebook zu. Es kommt mir vor wie aufgeben. Wahrscheinlich ist es das. Ich gehe an der Kneipe gegenüber vorbei, ohne nachzusehen, wer heute am Tresen arbeitet. Reden will ich nicht. An der Straßenecke ist ein Hundeklo, eine dreieckige Fläche aus festem Sand, auf der eine Statue steht, ein eingedrehter Strang aus Metall. Ein stilisierter Kackhaufen. Jedes Mal, wenn ich an ihr vorbeigehe, muss ich an den Moment denken, in dem der Bildhauer den Auftrag gelesen hat: »... für eine Statue zur Verschönerung einer Straßenecke, die für die Verrichtung der Notdurft von Hunden vorgesehen ist. Das Kunstwerk soll die Anwohner auf die zugedachte Nutzung der Fläche hinweisen, ohne dabei die Regeln des guten Geschmacks zu verletzen.« So oder ähnlich muss sie gelautet haben. Wahrscheinlich hat der Mann Bildhauerei studiert. Jahrelang. Und dann das. Der Moment, als er verstanden hat, was man von ihm will, muss der zweitdemütigendste seines Lebens gewesen sein. Der demütigendste war, als er zugesagt hat.

Der Kirchplatz. Sankt Pauli ist ein Dorf, hier, wo man die entscheidenden zweihundert Meter vom Kiez weg ist, und von den Durchgangsstraßen, durch die sich am Wochenende Kolonnen von Menschen aus dem Hamburger Umland schieben, auf der Suche nach einer neuen Version von dem, was sie hoffen, hinter sich zu lassen. An ihrem oberen Ende ist die

Große Freiheit eine dunkle Gasse, der Ausläufer eines Gewerbegebiets, in dem künstliche Befriedigung produziert wird. Und Hoffnung. Das Leuchten der Neonschilder in der Ferne wirkt von hier aus wie ein Sonnenaufgang nach einer langen, dunklen Nacht. Das Versprechen von etwas, das sich wie Leben anfühlt.

Die Thai-Oase ist der erste Laden auf der linken Seite, wenn man vom dunklen ins flackernde Ende der Straße kommt. Direkt gegenüber liegt das Nonnenkloster, ein Überbleibsel aus der Zeit, als die große Freiheit noch war, dass hier jeder seine Religion ausleben konnte, wie er wollte. Bevor Sex die Religion wurde, falls es so eine Zeit jemals gab.

Es ist viel zu früh. An zwei der Tische in der Thai-Oase sitzen Pärchen, der Tresen ist noch ganz leer. Ich setze mich auf einen der fest verschraubten Barhocker und bestelle ein Bier aus der Flasche. Sie nennen es »Cocktail & Karaokebar«, aber niemand kommt wegen Cocktails. Vom Tisch direkt an der niedrigen Bühne reicht ein Junge mit zusseligem Hipsterbart einen Zettel hinüber zu Den, der auf der Bühne sitzt und die Maschine bedient. Er ist tatsächlich Thailänder, wie alle, die hier arbeiten, und er ist eine Legende. Er hat die Ruhe und die Figur des späten Buddha. Wahrscheinlich hat kein Mensch in dieser Stadt in den vergangenen zwanzig Jahren so viel furchtbaren Gesang gehört wie er, und er erträgt es mit dem immer gleichen Gesicht. Er ist das einzige lebende Wesen, das noch unbeteiligter aussehen kann als mein Kater.

Der Hipster kann sofort auf die Bühne. Noch gibt es keine Warteliste. Er rückt seine Baseballkappe zurecht, stellt seine Bierflasche ab und bekommt das Mikrofon. Ich sehe ihn nur von hinten, aber alles an ihm wirkt nervös. Er steht sogar nervös. Seine Freundin, oder was auch immer ihr Status in seinem Leben ist, sitzt hinter ihm am Tisch und glüht. Es ist fast niemand im Laden, er singt für sie, oder für sich selbst, oder warum auch immer Menschen in leeren Läden singen. Auf dem Bildschirm vor ihm taucht der Name des Liedes auf, *How You Remind Me* von Nickelback, und einen Moment später setzt die Gitarre ein, und er beginnt zu singen. »Never made it as a wise man ...« Seine Stimme ist tiefer und rauer, als es der dünne, nervöse Körper in der engen Jeans vermuten lassen würde. »I couldn't cut it as a poor man stealing ...« Er legt sich mit vollem, falschem Rock-Pathos in das schreckliche Lied, presst die Worte heraus, so wie es der Sänger im Original tut. Nur ein bisschen mehr, und es wäre eine Persiflage. Ich kann nicht sagen, ob er dieses Lied ironisch interpretiert, oder ob er versteht, dass es kein romantisches Lied ist, sondern von einer längst vergangenen Liebe erzählt. Der Text huscht über die Bildschirme, die im Laden verteilt sind, und verfärbt sich an der aktuellen Stelle. Es ist grausam, wie genau selbst die generische Poesie schlechter Rockmusik ist. »Ich bin es leid, zu sehen, ohne etwas fühlen zu können.« Ich weiß nicht, ob man es besser beschreiben kann, diese Blase, die dich umgibt, wenn dein Leben zusammenbricht und du zwar alles um dich herum wahrnehmen kannst, aber nichts wirklich bei dir ankommt, weil irgendeine Information fehlt, irgendeine Ebene, die du nicht benennen kannst. Was du weißt, ist nur: Die Welt ist nicht mehr ganz.

Er singt. Weder besonders gut noch besonders schlecht, es ist okay, wahrscheinlich nicht mehr, für ein anspruchsvolles Ohr vielleicht sogar weniger, aber er singt, und das ist alles, was ich gerade will. »And this is how you remind me of what I really am.« Spätestens seit Bob Dylan den Nobelpreis für Literatur erhalten hat und die Texte von Popmusik so quasi offiziell als Lyrik anerkannt wurden, muss man feststellen, dass nirgends auf der Welt mehr Lyrik aufgeführt wird als in Karaokebars.

»El Greco!« Ich spüre die Hand auf der Schulter in demselben Moment, in dem ich die Stimme höre. Karl Käfer, ein immer wieder Kollege, ein Textsöldner wie ich. Wir haben in den letzten fünfzehn Jahren wahrscheinlich fünf- oder sechsmal an irgendwelchen »Projekten« zusammengearbeitet, und irgendwie sind wir befreundet, obwohl wir uns fast nie sehen. »Hey«, sage ich, und wir umarmen uns auf diese halbe Art, bei der man die Hände vor der Brust einschlägt, sich zueinanderbeugt und mit dem zweiten Arm gegenseitig auf den Rücken klopft. Die Kumpelumarmung. »Mann«, sagt er, »lange nicht gesehen! Wie geht es dir?«

»Im Rahmen meiner Möglichkeiten ganz gut«, sage ich, »und dir?«

»Deine Möglichkeiten sind ja bekanntlich unbegrenzt!« Er lacht zufrieden. »Bei mir ist es schwierig. Ich hab mir neulich den Penis gebrochen.« Ich brauche einen Augenblick, um das zu verarbeiten. »Du hast dir den ...«

»Ja, ich war da mit einer wirklich total dabei, und gerade als ich ...« Ich lege meine Hand auf seinen Arm. »Das klingt nach *too much information*, sag mir nur, was ich wirklich wissen muss.« Er überlegt. »Jedenfalls«, sagt er, »knack, Uniklinik, seitdem ist mein Leben genauso scheiße wie vorher, nur ohne Sex.«

Sein echter Name ist Andreas, und sein Nachname Kaefer, mit ae, aber schon seine Klassenkameraden in den Achtzigerjahren nannten ihn nach dem Lied *Karl der Käfer*. Seitdem er arbeitet, benutzt er Karl Käfer als Künstlernamen und hört ansonsten auf den Spitznamen Kalle.

Er zeigt auf die Gruppe neben sich, mit der er da ist. »Lydia«, sagt er zu der Ersten, »das ist El Greco. Kollege. Ganz großer Typ!« Ich gebe ihr die Hand, und sie lächelt. »Hey!« Sie trägt die braunen Haare zum Pferdeschwanz gebunden, und das Licht von der Bühne hinter ihr fällt so, dass man für einen kurzen Augenblick diesen Hauch von mikrofeinen Härchen sieht, die ihre Wangenknochen überziehen. Ich kann die Farbe ihrer Augen nicht erkennen, aber die kleinen Fältchen neben ihnen, eine kleine Narbe in der linken Augenbraue. Im V-Ausschnitt ihres engen, schwarzen Oberteils hängt eine dünne, goldene Halskette, an der etwas baumelt, das wie eine flache Perle aussieht. Ihre Hand in meiner ist schmal und fühlt sich kühl an. Ihr Lippenstift glänzt. Für einen Moment beugt sie sich zu mir vor und fragt etwas, das im Lärm untergeht. »Karma, Karma, Karma, Karma, Karma, Chame-le-oooon«, der halbe Laden singt mit den Jungs, die unterdessen auf der Bühne stehen. Ich kann ihren Hals riechen, eine Mischung aus einem leichten Parfüm und ihrer Haut. »You come and go. You come and go-ho-ho-ho!«

Ich beuge mich zu ihr, mit einer Hand hinter dem Ohr, um ihr zu zeigen, dass ich nicht verstanden habe, was sie gesagt hat. Sie legt ihren Kopf fast an meinen, und ich kann ihre Wärme spüren, als sie mir direkt ins Ohr spricht. »Singst du auch?« Ich sage: »Selbstverständlich«, so als wäre es das.

»Was denn?«

»*Sex Bomb* von Tom Jones.«

»Natürlich, was sonst?«

»Und du?« Sie zuckt mit den Schultern. »Kommt drauf an, ob ich was finde, was zum Abend passt.« Ich zeige zur Bühne. »Im Zweifel findet Den es.« Sie grinst. »Nicht zum Singen«, sagt sie, »zum Trinken! Ich muss was finden, wovon ich genug trinken kann, damit ich mich traue!« In diesem Moment schubst mich jemand von hinten, ich falle gegen Lydia und halte sie plötzlich im Arm. »Sorry«, ruft eine Stimme hinter mir, mit trockenem R und langem I, »sorrieh«, wie jemand, der Englisch mit übertriebenem deutschen Akzent spricht. »Bin gestolpert.« Wäre es weniger voll hier, wären wir umgefallen. Steif und umständlich richten wir uns auf, um angemessenen Abstand zu bewahren, und ich drehe mich um und sehe als Erstes ein üppiges Dekolleté. Darüber einen wilden Mopp sehr blonder Haare. Dazwischen einen zerknirscht hochgezogenen Mundwinkel unter riesigen Augen, deren Farbe im Halbdunkel der Bar nicht zu erkennen ist. »Sorry«, sagt sie nochmals. In diesem Moment steht Kalle Käfer zwischen uns und legt jeweils einen Arm um ihre und meine Schultern. »Ah, ich sehe, ihr habt euch schon kennengelernt«, ruft er, und ich meine ein leichtes Lallen in seiner Stimme zu hören. »Zsa Zsa, das ist El Greco.« Sie reicht mir die Hand und richtet sich dabei ganz gerade auf, Füße zusammen, wie die Parodie einer militärischen Haltung. Dabei lächelt sie. Sehr weiße Zähne, und zwischen den Vorderzähnen klafft eine Zahnlücke, die breit genug ist für ein Streichholz. »Ich weiß, wer du bist«, sagt sie, »ich habe was von dir gelesen.« Mir fällt keine Antwort ein. So etwas passiert praktisch nie. »Das muss lange her sein, ich schreibe gerade kaum. Was war es denn?« Sie grinst wieder dieses Grinsen, das so breit ist, dass man es als Fehler angestrichen bekäme, wenn man es zeichnen würde. Dann sagt sie: »Alles!«

Ich bin noch immer zu sprachlos, um wirklich zu reagieren, aber wahrscheinlich ist auch das eine Reaktion. Eine Reihe meiner Texte fliegt vor meinem inneren Auge vorbei, und sie teilen sich auf in zwei Segmente: Solche, die mir unangenehm sind, weil ich sie nur für Geld geschrieben habe, und solche, bei denen ich Angst habe, sie wären schlecht. Andere Rubriken gibt es nicht. Scham oder Angst. Ich blicke zu Zsa Zsa, doch die zieht mit zwei Händen ihre Strumpfhose zurecht, überaufwendig, ihr ganzer Körper dreht sich hin und her, als hätte sie Unterröcke unter dem Kleid an, das nur eine Art langes Jeanshemd ist, die oberen vier Knöpfe geöffnet, sodass ihr Busen einen Sprung in die Freiheit andeutet. Beim Hochziehen der Strumpfhose zieht sie das kurze Kleid so weit mit hoch, dass mindestens ihr halber Po zu sehen sein muss für die, die hinter ihr stehen. »Ich nehme einen Gin Tonic«, sagt eine Stimme neben meinem Ohr, und der Geruch ist wieder da. Lydia legt ihre Hand auf meinen Arm. Ich wende mich zu ihr und sage »perfekte Wahl«, bevor ich mich zur Bar drehe, um zu bestellen. »Du auch was?«, frage ich dabei Zsa Zsa. »Bier«, sagt sie, greift sich in den Ausschnitt und zieht einen zerknüllten Geldschein aus ihrem BH. Es ist eine Bewegung, die ich seit mehr als dreißig Jahren nicht mehr gesehen habe. Meine Mutter hat das gemacht, ähnlich offensiv, und es war mir immer peinlich. »Lass mal«, sage ich, »die Runde geht auf mich.« Kalle Käfer, der danebensteht, sagt, »ich auch eins«, und zeigt zu zwei anderen Frauen und dem Typen, die mit ihm gekommen sind. »Was trinkt ihr? Auch Bier?«

Von der Bühne ruft Den *I Will Always Love You* von Whitney Houston aus. Inzwischen ist es derart voll, dass sich jede Bewegung in Wellen durch die Masse der eng stehenden Menschen fortpflanzt, und das Bier lässt mich die Bewegung auch dann noch spüren, wenn ich eigentlich wieder fest stehe. Der Alkohol hat in meinem Kopf auch die Blase eingerissen, die mich den ganzen Tag umgibt, und ich nehme viel zu viel gleichzeitig wahr. Den Luftzug, der durch den Raum geht, wenn sich die Tür öffnet und neue Leute hereinkommen. Lydias Hand auf meinem Arm. Die Bierflasche in meiner Hand. Die Gesichter um mich herum, in einem nicht endenden Strom von Mündern, Augen, Stirnfalten, Zähnen, Nasenflügeln und Hälsen. Zsa Zsa tanzt jetzt vor der Bühne mit offensichtlicher Freude. Sie trägt Motorradstiefel mit Metallbeschlägen. An ihrem rechten Bein zieht sich eine Laufmasche vom Stiefel bis unter ihr Kleid, nur unterbrochen von einem Loch, wo sie aufreißt. Lydia steht jetzt dicht neben mir und spricht in mein Ohr, ich verstehe nur Wortfetzen. »… ein paar Wochen … über den gesamten Fußboden … Farbe gewechselt …« Ich merke, dass ich zu allem nicke, obwohl ich nicht verstehe, was sie sagt, oder auch nur, worüber sie spricht. Ich blicke auf einen Punkt irgendwo ein paar Meter vor mir auf den Boden, den Kopf leicht geneigt, und lege meinen Arm um sie, während mein Kopf weiter mechanisch zu allem nickt, was sie sagt. Als ich sie endlich einmal direkt anblicke, kann ich für einen Moment die Farbe ihrer Augen erkennen. Sie sind blau, wie meine, aber ein bisschen heller. Sie lächelt, leicht verkniffen, mit spitzen Lippen, und ihr Mund wirkt winzig und perfekt zugleich. Gerne würde ich sie küssen, würde meine Nase in ihren Hals bohren und diesen Geruch für immer in meine Erinnerungen brennen. Im selben Moment erinnere ich mich an den Geruch der Frau, von der ich dachte, sie wäre die letzte und die einzige. Ich sehe mich in einem anderen Leben neben ihr liegen, seit Stunden im Bett, nur kurz aufgewacht, um sie zu betrachten. Ihre im Schlaf leicht gekräuselte Nase. Die Sommersprossen. Den schlanken Hals. Ich liege neben ihr, schaue sie an, wie ich es oft gemacht habe. Ich erinnere mich an das Gefühl, mein Glück nicht fassen zu können. Das war mein Leben, und ich dachte, es bleibt für immer. Jetzt ist es ein Geisterschiff ohne Besatzung, das irgendwo auf dem Ozean treibt, während ich über Bord gegangen bin und schwimme.

»Wollen wir nicht irgendwo hingehen, wo man tanzen kann?« Zsa Zsa und Kalle stehen vor mir, eingehakt, und so aufgedreht, dass ich versucht bin zu gucken, ob sie nicht mit den Füßen scharren. »Es ist echt zu voll hier.« Sie macht wieder Dinge mit ihrem riesigen Mund, saugt an ihrer Unterlippe und zieht gleichzeitig einen Mundwinkel hoch. Dabei drückt sie ihre Brust nach vorne und deutet mit den Schultern eine herausfordernde Pose an. Irgendwie wirkt jede ihrer Bewegungen wie eine Provokation oder wie die ironische Kopie von dem, was in Filmen lasziv wirkt. Und dabei, wenn ich ehrlich bin, tatsächlich sexy. »Wohin denn?« Ich sehe, während ich das frage, zu Lydia neben mir. Sie kalkuliert den weiteren Verlauf des Abends, offenbar unschlüssig, wie viel Kontrollverlust sie in den Jackpot werfen will. »Ich will dich noch singen hören«, sagt sie und lächelt. »Wir kommen nachher wieder«, sagt Kalle Käfer, und fasst meinen Ellbogen, als wolle er mich aus dem Laden schieben. Jetzt erst bemerke ich, dass hinter ihm die drei anderen stehen, es ist längst ausgemacht. Ich sehe nochmals zu Lydia, die mit den Achseln zuckt, als wolle sie sagen, »was solls«, und wir drehen uns um Richtung Ausgang.

Die kalte Luft vor der Tür trifft mich wie ein Eimer Wasser und klärt meine Gedanken. Es wäre der perfekte Moment, um zu gehen. Jedes Getränk mehr wäre zu viel. Es ist der klarste Gedanke, den ich seit Stunden gehabt habe, vielleicht seit Tagen. Ich denke an die warme Decke in meinem Bett. Unsere Gruppe von sechs bleibt genauso lange stehen, wie die Raucher brauchen, um eine Zigarette anzuzünden, nämlich der dritte Typ, Zsa Zsa und ich. Ich sehe Lydia an, ihre langen Beine in der engen, irgendwie glänzenden schwarzen Hose, und weiß genau, dass ich so lange nicht nach Hause gehen werde, wie sie bleibt. Der Zug setzt sich in Bewegung, die Schmuckstraße entlang in Richtung des Transvestitenstrichs, und der Moment, in dem ich noch hätte abhauen können, ist vorbei.

»Hier rein?« Kalle zeigt auf einen Laden, der aussieht wie alle Läden hier, und es ist mir scheißegal, Hauptsache, irgendwo rein und etwas trinken. Der Türsteher mustert uns keine Sekunde lang, schließlich haben wir Frauen dabei. Als Kalle an der Tür zieht, dröhnt uns die Musik entgegen, und im Spalt der halb geöffneten Tür sehe ich die zuckenden Körperteile der Tanzenden. Lydia fasst mich am Arm. »Du, ich glaube, ich gehe«, sagt sie, »wenn ich jetzt weitermache, endet das nicht gut. Ich muss morgen noch was tun.« Ich schaue in ihre Augen und suche nach irgendetwas, das mich sagen lassen könnte, was ich eigentlich sagen will, nämlich »nimm mich mit«, doch da ist nichts. »Habt Spaß«, sagt sie und gibt mir einen schnellen Kuss auf die Wange, »war schön, dich kennenzulernen.« Sie hebt die Hand zu einem Gruß in Richtung der anderen vor uns, und Zsa Zsa, die es sieht, kommt mit zwei Schritten angeschossen. »Du willst doch jetzt nicht gehen!« Sie schreit es, nicht als Frage, sondern als empörten Vorwurf. Sie greift in ihren Ausschnitt und zieht ein Handy heraus. »Es ist erst ...«, sie stockt und blickt auf den Bildschirm, »halb eins!« Sie hält das Handy hoch, als wäre es ein Urteil, das ihr in allen Punkten recht gibt. Lydia winkt ab, sehr knapp, lächelt mir zu und dreht sich um in Richtung Taxistand. Zsa Zsa dreht sich genau entgegengesetzt in den Laden hinein. »So, ihr Mäuse«, sagt sie, mehr zu sich selbst als zu irgendwem, »Katze ist aus dem Haus.«

Ich blicke Lydia hinterher. Ihre schmale, elegante Silhouette bahnt sich einen Weg durch die Menschen auf dem Gehweg vor den Läden und wird immer wieder von den Menschengruppen verdeckt, bis sie schließlich ganz verschwindet. »Okay«, denke ich, »ein Drink. Ein einziger.« Ich nicke dem Türsteher zu, der die Hand hebt. »Du heute nicht«, sagt er.

»Wie bitte?«

»Du heute nicht.« Es dauert einen Augenblick, bis ich verstehe. »Aber ich bin ... du hast mich eben ... meine Gruppe ist da drin!« Er sieht mich ungerührt an. »Scheiß Gruppe, wenn sie dich nicht mitnehmen«, sagt er, und für einen Moment überkommt mich eine tiefe Erleichterung. Ich werde nach Hause gehen und schlafen. Morgen einigermaßen frisch aufwachen. Es ist das, was ich schon vor einer Viertelstunde hätte machen sollen, dann hätte ich mir auch erspart, dass Lydia mich stehenlässt und geht, ohne sich einmal umzudrehen. Noch ist es nicht zu spät, das Richtige zu tun. Ich sollte mich bei dem Mann bedanken. Dennoch bin ich gerade sauer auf ihn. Ich starre ihn an, fassungslos über die Ungerechtigkeit. In diesem Moment öffnet sich hinter ihm die Tür einen Spalt weit, und es erscheinen eine blonde Haarsträhne, ein schlecht verhüllter Busen und ein Bein in einem derben Stiefel mit Nietenbesatz. Dann geht sie auf, und Zsa Zsa steht da. »Na, Kleiner«, sagt sie mit der perfekten Imitation eines der Mädchen in der Herbertstraße, »magst nicht reinkommen und ein bisschen Spaß haben?«

»Ich würde ja, aber ...« Ich deute auf den Türsteher, der sich umdreht und Zsa Zsa in der Tür stehen sieht. Ihre Stimme wechselt ohne merkliche Verzögerung die Tonlage, von übertrieben lasziv zu sehr wütend. »Sag mal, Tacko«, ruft sie, »tickst du noch ganz richtig? Weißt du nicht, wer das ist?« Er zuckt zusammen, dreht sich zu mir und blickt mich vorwurfsvoll an. »Du bist mit ihr hier?«, fragt er. »Das musst du doch sagen, Mann!« Ich nicke, hebe entschuldigend die Hand und gehe an ihm vorbei.

5

Man muss sich im Leben entscheiden, ob es einem abends gutgehen soll oder morgens. Ich sitze in einer der vielen Bars auf dem Hamburger Berg, die so dicht beieinanderliegen und einander so ähnlich sind, dass ich beim besten Willen nicht sagen kann, wie sie heißt. Aber das kann an meinem Zustand liegen. Es ist kurz vor fünf Uhr morgens. Eigentlich sitze ich nicht, ich hänge hier. Zsa Zsa diskutiert mit dem DJ, der an einem Pult in der Ecke auflegt, und für einen Sekundenbruchteil übertönt ihr tiefes, erdiges Lachen sogar die Musik. Wir sind eingehüllt von Lärm. Ich kann nicht verstehen, was sie reden, aber sie steht so weit über sein hohes Pult gebeugt, dass ihr Hemdkleid nur noch die Hälfte ihres Hinterns bedeckt, zumindest sieht es in den Sekundenbruchteilen so aus, in denen die Tanzenden mir einen freien Blick erlauben. Gerade weil ich nichts sehen kann, starre ich weiterhin auf den möglicherweise sichtbaren halben Po einer Frau, die mich vor allem irritiert mit ihrer robusten Entschlossenheit, diese Nacht anzuzünden und so lange lodern zu lassen, bis nicht einmal mehr Asche übrig ist. Es schüchtert mich ein, zugleich ist ihre Freude ansteckend.

Die Menschen auf der Tanzfläche drängen sich, etwa gleich viele Frauen wie Männer, und von hier, wo ich sitze, sieht es aus, als wären alle in irgendeine Form der Kommunikation eingebunden, tanzend, redend, wild knutschend. Alle, außer mir. Ich sehe in die Gesichter und frage mich, wer warum hier ist. Direkt vor mir tanzt ein Junge mit einer Schiebermütze mit einem Mädchen in zu engen Jeans. Sind sie ein Paar? Oder haben sie sich noch nie vorher gesehen, könnten aber heute eins werden, entweder für die Nacht, oder für viele Jahre, bis der alte Affe Alltag sie ausgelaugt hat und er etwas mit Sandra aus dem Marketing anfängt, oder sie mit dem Grundschullehrer von ihrem zweiten Sohn Joshua, oder sich aus heiterem Himmel in eine Frau verliebt und ein neues Leben am Bodensee anfängt. Der Scheiß hört ja nie auf. Wenn man sich sicher fühlt, hat man den wichtigsten Schritt dahin gemacht, sich echte Schmerzen einzufangen. Ich bin müde, ich muss eindeutig nach Hause.

Aber noch einmal will ich einen Blick auf diesen halb entblößten Hintern werfen, denke ich und stelle im gleichen Moment fest, dass das ein Alibi ist. Ich will nicht gehen, ohne mich von Zsa Zsa zu verabschieden. Ich würde mich nicht einmal trauen, zu gehen, ohne es ihr zu sagen. Es ist ein lächerliches Gefühl, wenn man sich selbst dabei erwischt, wie man lieber eine sexistische Entschuldigung erfindet, anstatt zuzugeben, dass diese Nacht von einer Frau regiert wird, auch ich. Ich drängle mich durch die Tanzenden und bin fast bei ihr, als sich ein Typ zwischen uns drängelt. Er schiebt seine Schulter nur Zentimeter vor meinem Gesicht vorbei, greift Zsa Zsa mit der linken Hand an eine Pobacke, schiebt sich schnell weiter in die Menge, fährt herum, sieht mich vor sich stehen und hebt einen Finger. Ich bin völlig starr im Glauben, sie hielte mich für den, der ihr an den Hintern gefasst hat, aber sie sagt nur »Sekunde, ich muss was klären« und schießt hinter dem Typen her. Die Tanzfläche teilt sich vor ihr, und schon ist sie bei ihm. Er rechnet damit, dass er verfolgt wird, dreht sich um und grinst halb frech und halb verlegen, in dem Versuch, mit Kleine-Jungs-Charme aus der Sache herauszukommen. Er hat sich die falsche Frau ausgesucht. Zsa Zsa packt eine seiner entschuldigend gehobenen Hände, reißt sie zu sich, sodass sein Körper sich halb zu ihr dreht, und tritt ihm mit Wucht in den Hintern. Er zuckt vor Schmerz zusammen, und sein Grinsen wird eine Fratze. Noch bevor er seine entglittenen Gesichtszüge eingefangen hat, steht sie wieder vor mir und zeigt keine Spur von Aufregung. »Entschuldigung«, sagt sie, »manche Sachen muss man sofort klären. Was wolltest du?«

»Was ich wollte?«

»Du warst doch gerade auf dem Weg zu mir, oder nicht?« Ich bin immer noch ein paar Sekunden zurück und muss mich sammeln, bevor ich einen Gedanken formulieren kann. Einen, der nicht sagt, dass ich gerade gehen wollte. »Ich bin nur gekommen«, beginne ich, »also, ich wollte ... was alle wollen. Der Typ war nur schneller als ich.« Sie zögert eine Sekunde, bevor sie lacht. »Wünsch dir ein Lied«, sagt sie, »ich hab *connections* zum DJ.« Ich sehe zu dem Jungen hinter der Anlage hinüber. Sie hat keine *connections*, sondern einfach eine Diktatur installiert.

Wir tanzen. Wir tanzen wild und fröhlich, als wären wir Kinder, die Tanzen spielen, und das ist die beste Art. Draußen geht die Sonne auf, und die letzten verbliebenen Gäste tanzen längst zu einer Playlist von Zsa Zsas Telefon. Der DJ hat irgendwann vollständig kapituliert und ihr ein Kabel über sein Pult gereicht. Alle zwei, drei Lieder wanken wir schweißgebadet zum Tresen und bestellen Tequila. Kalle Käfer steht plötzlich neben mir. »Wo sind deine Frauen?«, frage ich ihn, schließlich stand er eine gefühlte Ewigkeit mit zweien am Tresen. »Keine Ahnung«, sagt er, »ganz komisch. Lief eigentlich gut, aber dann sind sie auf einen Schlag weg.« Ich lege ihm mitfühlend die Hand auf die Schulter. In dem grellen Licht, das aus den mannshohen Kühlschränken hinter dem Tresen fällt, sieht man die feinen Linien auf seiner Stirn. Sie sehen aus wie gezeichneter Kummer. »Ich glaube«, sagt er nachdenklich, »die wollten eigentlich einen Dreier. Vielleicht hätte ich den Penisbruch nicht erwähnen sollen.«

»Vielleicht«, sage ich, »ja, das könnte es gewesen sein.« Ich winke dem Barkeeper und bestelle noch eine Runde, diesmal drei, für Kalle mit. Das Trinken ist von einer Sekunde auf die andere traurig geworden. Wir reiben uns synchron Zitrone auf den Handrücken, geben das Salz herum. Zsa Zsa hebt das Glas. »Auf die Brüche im Leben!« Kalle und ich antworten gleichzeitig. »Auf die Brüche!«

Es ist der letzte Drink. Ich klettere mit schweren, halb eingeschlafenen Gliedern umständlich vom Barhocker und bin mir jeder Bewegung viel zu bewusst. Ich hasse das Bild meines Versuchs, mich halbwegs anmutig, halbwegs cool zu bewegen. Hier stehe ich, am Ende einer Nacht, die wie jede Nacht immer auch der Versuch ist zu ergründen, was eigentlich mein Platz in der Welt ist. Aber ich fülle nur Raum, mit dem Gefühl, gerade die ungraziöseste Bewegung aller Zeiten gemacht zu haben. Ich hebe die Hand zum Abschied. Und gehe.

Liebe zukünftige Lieblingsfrau,
wie soll ich dich ansprechen? Ich meine, ganz grundsätzlich: Wie spricht ein Mann eine Frau an? Wie spricht man sie erfolgreich an, ohne dass sie denkt: Oh, bitte nicht. Es ist ja nicht so, dass ihr dauernd irgendwo allein an einem Tresen sitzt und ausstrahlt, ihr wollt das. Also angesprochen werden. Von mir. Oder irgendwem.

Ich weiß nicht, ob du das warst, neulich in dieser Bar, mit deinen Freunden, von denen ich manche schon ewig kenne. Das war ein schöner Abend. Ich fand, wir haben uns gut verstanden. Und ich sei zumindest ein bisschen witzig gewesen, wenn auch nicht so witzig wie du. Es ist sehr sexy, wie witzig du bist, wirklich sehr, und ich habe mich ewig nicht so wohlgefühlt in Gegenwart einer Frau, die ich sexy finde – das muss an deinem Lachen liegen. Das war gut! Aber es gehört zum Wohlfühlen, dass man denkt, der andere würde sich auch wohlfühlen. Und ich weiß es nicht: War das so?

Falls ja: Was mache ich jetzt? Du hast mir Bilder von dem Abend geschickt, wie wir über den Kiez ziehen, und da sind ein paar wirklich schöne dabei, nur von uns zweien. Ich habe geantwortet, wie schön das war, der Abend, und dass wir das ganz bald wiederholen müssen. Und seitdem meldest du dich nicht mehr. Wie macht man das jetzt?

Ich könnte noch mal schreiben. Genau genommen könnte ich gar nichts anderes tun, als noch mal zu schreiben, ohne aufdringlich zu sein. Aber wenn du dich nicht meldest, bedeutet das ja sicher was. Hab ich mich derart geirrt? Hattest du es entweder nicht so gut wie ich, an dem Abend, oder ist es etwa normal für dich, es so gut zu haben? Nichts Besonderes? Was weiß ich denn. Ich bin so lange da raus.

Das ist das Komische: Ich war mehr als zehn Jahre weg vom Markt. Wer weiß, was ich alles verlernt habe. Oder was sich verändert hat in der Zwischenzeit. Als ich das letzte Mal eine Dating-Phase hatte, gab es noch kein iPhone. Kein Facebook. Kein Tinder. Als ich das letzte Mal mit einer anderen Frau als meiner geschlafen habe, hatten Frauen noch Schamhaar, und keine von ihnen war Bundeskanzlerin. Das ist nicht einfach ein bisschen her, das war eine andere Ära. Als ich mich das letzte Mal hemmungslos verliebt habe, war ich noch jung. Jetzt sollte ich mehr Erfahrung haben, aber stattdessen bin ich unsicher, als hätte ich vor langer Zeit einen Job gelernt und wäre längst von der Technik überholt worden. Natürlich habe ich irgendwie auch mal geflirtet in den letzten Jahren, doch immer aus der völlig klaren Situation heraus, dass es nichts ist als flirten. Das merkt man ja, man spürt, wenn da echte, aufregende Gefahr ist. Ich brauchte eine Fortbildung, die mir sagt, wie man das macht. Und ein Praktikum. Oh, Mann!

Wenn ich mich an unseren Abend erinnere – und ich nenne ihn schon unseren Abend, obwohl da über die Stunden sicher acht oder zehn Leute dabei waren, die wir getroffen haben –, dann sehe ich dich vor mir lachen. Und mich auch. Als wir aus dem einen Laden rausgegangen sind, hast du dich an meinen Arm gehängt, als wären wir zusammen da, und das hat sich gut angefühlt. Ich mag deine Augen. Die kleine Lücke zwischen deinen Schneidezähnen. Und dass du lachst wie ein Bauarbeiter.

Ich schreib dir. Und wenn du nicht antwortest oder mich abblitzen lässt – wenn du doch nicht meine zukünftige Lieblingsfrau bist –, dann danke ich dir, weil du mir gezeigt hast, dass es irgendwann eine geben kann. Weil ich zum ersten Mal wieder denke, wie ich denke, wenn ich dich vor meinem inneren Auge lachen sehe. Ich mag, wie ich das mag.

Aber du antwortest doch, oder?

6

Es beginnt zwischen den Schulterblättern, kurz nach dem Aufwachen. Vielleicht ist es auch dieses Gefühl, das mich weckt. Die gefrorene Wirbelsäule, deren Kälte ausstrahlt in die Schultern und den unteren Rücken, immer weiter, wenn ich nichts dagegen unternehme. Eine Panikattacke. Was bedeutet, dass ich schlecht geschlafen habe, wahrscheinlich, weil ich betrunken war. Und natürlich, dass mein Leben in Trümmern liegt.

Ich hatte mit neunundzwanzig Jahren einen Burn-out und habe mehr als ein Jahr gebraucht, wieder wirklich auf die Beine zu kommen. »Erschöpfungsdepression mit begleitender Angststörung« hieß die Diagnose. Seitdem kenne ich jeden Trick, um Panikattacken abzuwehren. Aber ich kann nicht verhindern, dass sie mich wecken.

Der wichtigste Schritt, und bei mir reicht der in der Regel aus, ist die Konzentration nach außen zu lenken. Während ich noch im Bett liege, beschreibe ich, was ich sehe: die weiße Kommode. Darauf die kleine Stehlampe. Den Spiegel. Die winzige Büste von Sophokles. Den Stapel mit den nicht eingereichten Rechnungen für die Krankenkasse. Dabei atme ich tief. Ein und aus. Ein und aus. Langsam löst sich der Eisklotz in meinem Rücken, ich bewege die Arme, drehe mich von der Seite auf den Rücken, und breite sie weit aus. Willy, der zwischen meinen Beinen liegt, streckt sich genervt von der Störung und sieht mich vorwurfsvoll an. Er hätte weiterschlafen können. Willy kann immer schlafen.

»Komm her«, sage ich und schnippe sanft mit den Fingern, »tsts.« Er sieht gelangweilt zu meiner Hand, wägt ab, wie angenehm es sein könnte, jetzt gekrault zu werden, und nachdem er genug Zeit hat verstreichen lassen, um klarzumachen, dass die Entscheidung seine ist, bewegt er sich halb robbend zu mir. Ich kraule seinen Rücken, bis er sich umdreht und mir seinen Bauch anbietet. Also kraule ich den und habe die Möglichkeit, gute Gefühle zu verbreiten. Etwas Besseres kann man nicht tun.

Mein erster Termin ist erst mittags, mit dem Chefredakteur des Magazins. Ich habe seit einer gefühlten Ewigkeit keinen vernünftigen Text mehr zustande bekommen. Ich schäme mich jetzt schon. Er kann gar nicht anders, als mir zu sagen, ich müsse mehr tun für mein Geld, sehr viel mehr, und das auch noch besser, als ich es im Moment tue. Doch ohne diesen Termin käme ich heute gar nicht aus dem Bett. Auf mich wartet nur Arbeit, die ich nicht schaffe, und Rechnungen, die ich nicht bezahlen kann, weil ich zu wenig Arbeit erledigt bekomme. Ich vermisse meine Töchter. Wenn sie da sind, hat jeder Tag einen Sinn.

Ich wälze mich aus dem Bett und bleibe dabei eine ganze Weile auf dem Bauch liegen, ein Bein schon draußen, das Gesicht in ein Kissen gedrückt. Wie gerne würde ich weinen, aber es geht nicht, nicht einmal das. Ich schiebe mich über die Bettkante in den Tag.

Erst als ich den leeren Fleck auf der Küchenzeile mit dem verschütteten Espressopulver sehe, fällt mir wieder ein, dass die Maschine kaputt ist. Enttäuscht fülle ich Wasser in den kleinen Mokkatopf. Zwei Löffel Pulver, ein Löffel Zucker. Dann stelle ich ihn auf die kleinste Herdplatte, mache das Radio an und löse das Mini-Kreuzworträtsel in der *New York Times*-App in einer Minute und 37 Sekunden. Kein neuer Rekord. Und der Kaffee kocht über.

Es ist der erste Tag des Frühsommers, und weil das hier Hamburg ist, ist es vielleicht auch der letzte. Über die Carsharing-App finde ich ein Cabrio und öffne für die Fahrt das Dach, auch wenn es bloß ein paar Minuten sind hinunter an den Hafen, wo wir verabredet sind. Sonne ist ja nur da, wenn man sie auch reinlässt.

Er sitzt vor einer der Fischbuden draußen vor der großen Halle, in der heute der echte Fischmarkt stattfindet. Unangenehm lange muss ich auf ihn zugehen, weil der Weg von meinem Parkplatz direkt in seinem Blickfeld ist. Was er wohl sieht, wenn er mich ansieht? Wenn ich ihn sehe, sehe ich alles, was ich nicht geschafft habe. Er ist höchstens so alt wie ich, hat eine der erfolgreichsten Magazinentwicklungen der letzten zwanzig Jahre hingelegt und führt heute das wahrscheinlich schönste und spannendste Magazin des Landes. Dekoriert mit allen Preisen, die es gibt. Er ist glücklich verheiratet mit drei sicherlich wunderschönen Kindern. Und dabei verströmt er die Ruhe eines Mannes, der sich nichts mehr beweisen muss, es aber jeden Tag tut. Wenn ich einen Wunsch frei hätte, jetzt, in diesem Moment, dann würde ich mir einfach nur wünschen, er zu sein.

»Wie geht es dir«, fragt er, als ich mich gesetzt habe, und gießt mir Weißwein ein. »Ich mach mir Sorgen um dich.« Ich nehme einen Schluck, bevor ich antworte. Muss man sich Sorgen um mich machen? Der Wein schmeckt gut. Wein mittags ist überhaupt großartig. Wir sollten alle Italiener sein und jeden Mittag Wein trinken, das würde die Probleme der Gastronomie lösen und die Stimmung im ganzen Land verbessern. Muss man sich um mich sorgen?

Eins der Geheimnisse seines Erfolges ist, dass er liest. Und zwar alles. Er ist der einzige Mensch, der jedes Wort gelesen hat, das ich jemals irgendwo veröffentlicht habe, und er kann an jeder einzelnen Geschichte erkennen, wie es mir geht. Wie er das macht, weiß ich nicht, aber er macht es. Es wäre sinnlos, ihm etwas vorzuspielen. Ich zünde mir eine Zigarette an, ziehe den Rauch befriedigend tief in meine Lungen und blicke beim Ausatmen der Wolke hinterher, die sich erstaunlich schnell im Hamburger Himmel verteilt. »Es geht mir beschissen«, sage ich. Er sitzt bloß da und sieht mich an. Ich halte die Stille nur ein paar Momente lang aus, bevor ich alles erzähle.

Ich erzähle von dem Schmerz und dem Schlaf, der nicht kommt, und wenn, dann immer nur für höchstens drei Stunden am Stück. Von der Trauer und der Einsamkeit. Von meinen verzweifelten, untauglichen Versuchen, die Lücke in mir zu füllen. Ich erzähle von meinem Bemühen, für meine Töchter alles möglichst genau so zu machen, wie es war, als ihre Mutter noch mit mir zusammenlebte, wie ich Blumen kaufe und jeden Abend koche und mich jedes Mal schäme, wenn ich sie ansehe, weil ich es nicht geschafft habe, den Laden zusammenzuhalten. Weil ich es nicht geschafft habe, dass ihre Mutter mich für immer liebt.

Wir bestellen Essen, und mir ist alles so egal, dass ich nicht einmal bemerke, dass die Kellnerin etwas Falsches bringt. Er bestellt die zweite Flasche Riesling, weil ich offenbar auch trinke, ohne es zu bemerken, während die Wörter aus meinem Mund fallen wie Tränen.

Nach dem Essen ziehen wir weiter in eine der Seemannskneipen am Wasser und steigen um auf Bier. Ich mag diese Ecke, weil die Trinker hier, anders als rund um die Reeperbahn, nachts an Südeuropäer erinnern: Sie werden vom Saufen nicht aggressiv, sondern sentimental. Es muss die Nähe zum Wasser sein. Zum Hafen. Hier ist die Ferne nah, das weckt Sehnsucht.

Ich rede viel und er wenig. Ich bin längst betrunken und ohnehin schon der unmöglichste Mitarbeiter in der Geschichte meines Berufes, ist jetzt auch egal. Was er sagt, hat die Abgeklärtheit desjenigen, der das alles schon erlebt hat, und ich weiß nicht, ob es mich freuen oder nerven soll, dass dieser lähmende, stechende Schmerz nicht einmal einzigartig sein soll, sondern nur das, was eben passiert, wenn ein Herz bricht. Es gehört zu den unfairsten Volten des Lebens, dass dies genau die Zeitspanne ist, in der man möglichst emotionslos alle Entscheidungen rückgängig machen muss, die man gemeinsam getroffen hat. Die Wohnung und die Möbel, das bisschen Rentenanspruch und die verfluchten Küchengeräte. Ein Stabmixer ist nur einmal während seiner Existenz mit Emotionen behaftet, nämlich dann, wenn seine Besitzer sich scheiden lassen. Dann kann ein Stabmixer ein Symbol sein, und Grund für einen Kampf bis aufs Blut. Wer das einmal durchgemacht hat, hält Eheverträge plötzlich für die romantischste Sache der Welt: Regel die Zukunft des Menschen, den du über alles liebst, bevor du ihn über alles hasst.

»Kannst du dir vorstellen«, fragt er unvermittelt, »eine Kolumne zu schreiben darüber, wie es ist, nach so vielen Jahren plötzlich wieder Single zu sein?« Ich sage Ja, ohne nachzudenken. Das ist meine Chance, die Schande auszumerzen, all die Zeit, die ich viel zu schlecht und viel zu wenig gearbeitet habe. »Wie oft«, frage ich nur, und er sagt »wöchentlich, für die Webseite.« Es ist ein Hauptgewinn. Wöchentlich bedeutet zumindest so viel Stoff, dass ich in meiner Paralyse nicht mehr als faul gelten sollte. Und kann das so schwer sein? Single bin ich, und ich muss mich bloß ein bisschen mehr anstrengen, etwas zu erleben. Ich kann mich bei Tinder anmelden und auf

Ü-40-Singlepartys gehen, kann mich in Bars setzen und zugucken, wie Männer und Frauen sich gegenseitig angraben. Genau genommen mache ich das ohnehin zu oft, ich brauche es nur noch aufzuschreiben, so, dass es ein bisschen lustig ist. Dies ist mein Ausweg, und ich wäre auch zur Strafe auf einen FDP-Parteitag gefahren und hätte dort am Würstchenstand ausgeholfen oder als zu Rettender bei Mann-über-Bord-Manövern der Gorch Fock. »Kein Problem«, sage ich. Und von all den Sätzen voller falscher Hoffnung, die ich in diesem verdammten Jahr schon von mir gegeben habe, ist es der falscheste. Ich habe so lange nichts Vernünftiges mehr geschrieben, inzwischen ist jedes Wort ein Problem.

Es wird langsam Abend, er muss weiter, der nächste Termin. Wie er das bloß schafft? Auch wenn er nur halb so viel getrunken hat wie ich, müsste er jetzt schlafen gehen. Oder tanzen. Ich mache mich zu Fuß auf den Weg, die Straße mit den alten Lagerhäusern entlang, die längst teure Modegeschäfte geworden sind oder Hauptquartiere von Software-Firmen, deren Apps überall auf der Welt Taxen rufen, Kalorien zählen oder anzeigen, wer in meiner Nachbarschaft bereit ist, mir sein dreirädriges Fahrrad mit Transportkiste vorne dran zu leihen. Oder natürlich, einen Partner zu finden, zumindest für eine Nacht.

Drüben im Hafen fahren die Containertransporter unter einem Meer von Lampen, das wie ein nutzbar gemachter Sternenhimmel über ihnen schwebt. Ich gehe an den aufgereihten Restaurants vorbei, in jedem war ich mindestens einmal, und in allen bis auf eins immer mit meiner Frau. Nach solch langer Zeit wieder allein zu sein, heißt auch, seine Stadt neu entdecken zu müssen, sie neu mit Erinnerungen und Gefühlen füllen, so wie man die ehemals gemeinsame Wohnung für sich einnehmen muss. Es ist, als würde man neue Bilder an die Wände hängen, um andere, freiere Gedanken zu haben, wenn man auf sie schaut. Aber meistens fällt einem doch nur auf, was fehlt, weil es immer da war. Weil es da einfach hingehört.

In der Bar mit den vierhundert Whiskysorten ist an einem der hohen Tische in der Nähe des Tresens ein Platz frei, und ich lasse den Barmann drei Minuten lang erläutern, bevor ich seine Empfehlung bestelle. Begeisterung ist ansteckend, und er redet von diesem Scotch, als würde sein Vater ihn brennen.

Es ist eine Bar ohne WLAN, was ich eigentlich begrüße. Ich hasse es, wenn alle auf ihre Handys starren, starre aber selbst dauernd drauf. Immerhin habe ich drei Balken LTE. Ich lade Tinder herunter.

Es ist das zweite Mal in meinem Leben, dass ich die App sehe. Das erste Mal muss gewesen sein, als sie ganz neu war, bei einem Freund, der mir aufgeregt gezeigt hat, dass eine Frau ihn »gematcht« hat, obwohl er auf dem Foto tatsächlich aussah wie in echt. Ich folge der Aufforderung, mich über Facebook anzumelden, und plötzlich habe ich ein Profil mit den ersten vier Fotos. Ich soll mir aussuchen, wie alt die Frauen sein dürfen, die ich sehen will, und wie weit weg von mir sie wohnen dürfen. Ich komme mir vor, als müsste ich mit dem Schicksal Russisches Roulette spielen. Was soll ich angeben? Ich rufe Ali an.

»Hase«, meldet sie sich erfreut, »wie ist das Leben?« Was soll ich antworten? »Das Leben«, sage ich vorsichtig, »verlangt von mir, dass ich mich bei Tinder anmelde.« Sie gluckst hocherfreut. »Großartig«, ruft sie, »aber versprich mir eins ...«

»Ich brauche deine Hilfe«, unterbreche ich sie, bevor sie wie üblich anfangen kann, Regeln aufzustellen. »Kriegst du«, sagt sie, »trotzdem musst du mir zuerst was versprechen!«

»Okay, was?«

»Hase«, jetzt klingt sie, wie sie klingt, wenn sie mir etwas erklären will, nämlich ernsthaft und ein bisschen, als hielte sie mich für etwas schwer von Begriff, »vertrau mir einfach. Wann hatte ich jemals unrecht? Versprich es einfach!« Ich überlege einen Moment, aber Ali hat tatsächlich diese Art von schneidend scharfer Menschenkenntnis, die schnell zynisch wirken kann, und bei ihr nur deshalb nicht, weil sie nie etwas von jemandem erwartet. »Okay«, sage ich, »versprochen.«

»Also«, fängt sie an, »du darfst nie, nie ungefragt Pimmelbilder an irgendwelche Frauen schicken!«

»Was?«

»Nie! Niemals! Unter keinen Umständen!«

»Ich würde nie ... wer macht denn so was?«

»Hatte ich erwähnt, wann du das darfst?« Sie klingt scharf. Ich stutze. »Ähm, nie?«

»Genau! Du ahnst nicht, wie viele Pimmelbilder ich ungefragt geschickt kriege, das ist eklig! Also wann?« Inzwischen kenne ich das Spiel. »Niemals!«

»Genau. Wo bist du?« Ich sage es ihr.

»Gib mir zehn Minuten.« Dann legt sie auf.

Eine knappe Stunde später höre ich das Knattern ihres Motorrades, als sie auf dem Gehweg bis vor die Tür der Bar gefahren kommt. Ich habe in der Zwischenzeit noch drei Whisky getrunken und mit dem Barkeeper den Unterschied zwischen ligurischem und toskanischem Olivenöl diskutiert. Er ist ein guter Barkeeper, er gibt mir das Gefühl, wir würden uns unterhalten, obwohl er in Wahrheit nur meine Vorträge erträgt. Ich habe mich ein bisschen in Rage geredet. »In Ligurien«, deklamiere ich gerade etwas zu laut, »warten sie, bis die Oliven von selbst von den Bäumen fallen! Das ist Fallobst!« Dabei drehe ich mich zum Eingang um. Ali betritt den Laden wie jeden Laden überall auf der Welt, wie ein Revolverheld einen Saloon, mit überlegenem Schwung in der Hüfte. Sie streicht ihr dickes, schwarzes Haar aus dem Gesicht, beugt sich zu mir herab und küsst mich auf den Mund. »Alles gut, Hase«, sagt sie, »wir werden sie alle an die Wand stellen, wenn die Revolution kommt.« Dann richtet sie sich auf und blickt den Barkeeper an. »Sorry, du Model, aber ich nehme ihn jetzt mit.« Er poliert ungerührt weiter das Glas in seiner Hand. »*Not my monkey, not my circus*«, sagt er kühl. Ich pule Geld aus meiner Tasche und zahle, während Ali erklärt, sie hätte Hunger wie ein Bär. »Hast du irgendwas zu essen zu Hause«, fragt sie. Ich überlege. »Zitronen«, sage ich dann, »das Leben hat mir Zitronen gegeben.« Ali ist Veganerin, ich bin das Gegenteil davon. »Nichts im Kühlschrank?« Ich überlege wieder. »Senf«, sage ich, »Senf und Licht.« Sie hakt sich bei mir ein. »Wir gehen Pommes essen«, verkündet sie. Wir haben einmal darüber diskutiert, was die schönsten drei Worte in der deutschen Sprache sind, wenn man beschlossen hat, nie wieder »ich liebe dich« zu jemandem zu sagen. Mein Tipp war »es ist gutartig«. Ihrer war »Pommes sind vegan«.

Wir treten vor die Tür in die kühle Nachtluft. »Und nachher finden wir Sex für dich im Internet«, erklärt sie den weiteren Verlauf des Abends. »Könnten wir uns nicht einfach das Gehirn rausvögeln«, frage ich, »und dann heiraten?«

»Klar könnten wir, Hase«, sagt sie, »aber ich will ja, dass du glücklich bist.« Ich nicke betrunken vor mich hin. »Ich liebe dich«, sage ich.

»Ich dich auch, Hase«, antwortet sie, »trotzdem hab ich jetzt mehr Bock auf Pommes.«

Liebe zukünftige Lieblingsfrau,
wie finde ich dich eigentlich? Bist du auf Tinder?
Warst du das neulich, als ich das Date absagen musste
und mich danach nicht mehr gemeldet habe? Ich hoffe,

das warst du nicht, sonst wird es schwierig. Oder besser: noch schwieriger. Schlimmer wäre eigentlich nur, wenn du diejenige warst, der ich das Date nicht abgesagt habe. Und wir uns getroffen haben.

Du sahst sehr süß aus. Klein irgendwie, aber genau wie auf einem der drei Fotos von dir, während ich kein bisschen aussehe wie auf einem der vier Fotos, die Tinder sich von meiner Facebookseite gezogen hat. Ich hatte extra die große Brille aufgesetzt, weil ich sie auf einem der Bilder aufhabe, und du hast gesagt: »Ich habe dich an der Brille erkannt«, als du in der Bar an meinen Tisch kamst. Da fühlte ich mich hässlich, aber das wäre sowieso passiert. Auf den Bildern sehe ich besser aus. Als die gemacht wurden, saß ich nicht da und wollte, dass derjenige auf dem Stuhl gegenüber mich irgendwann lieb hat.

Ich finde es so schon nicht einfach. Nichts davon. Jemanden kennenzulernen, ist schwierig genug, also, jemanden ... ich weiß nicht, anzusprechen? Und dann zu reden, wenn beide wissen, dass es darum geht zu gucken, ob der andere jemand ist, mit dem man sich nackt ausziehen und gegenseitig übereinander herfallen will. Es ist, wie wenn man mit einer Familienpackung Klopapier unter dem Arm im Supermarkt an der Kasse steht und allen Blicken ausweicht, weil man das Gefühl hat, der andere denkt: Ich weiß genau, was du damit vorhast!

»Was trinkst du?«, hast du gefragt, und ich habe gesagt »Whisky Sour«, und zum ersten Mal in meinem Leben habe ich mich gefragt, ob es sexy ist, Whisky Sour zu trinken, oder ob das ein Abtörner sein könnte. Du warst so angezogen, als ob du gut angezogen wärst, ohne dir viel Gedanken gemacht zu

haben, und ich so, dass man sehen konnte, dass ich genau das versucht hatte. »Wenn du einen Tipp willst«, habe ich gesagt, »dann probier den ›New York in Ashes‹. Keiner kann sich je merken, was da drin ist, und ein Teil davon könnte aus dem Aschenbecher kommen, aber wenn man es liebt, kommt man nie wieder davon weg.« Was ich eigentlich sagen wollte, war: »Ich bin wirklich ein bisschen interessant und liebevoll, manchmal sogar lustig, und es lohnt sich echt, mich kennenzulernen. Tatsächlich gesagt habe ich: »New York in Ashes«. Absurd. Das Ä am Anfang von Ashes hörte sich an, als wollte ich den hypertuntigen Juroren einer Castingshow nachäffen, wie er mein Outfit kommentiert. Du hast dann Weißweinschorle bestellt. Magst du mich?

Du hast einen schönen Mund. Und bist Ärztin, was ich sexy finde. Du sitzt irgendwie gut, auch wenn ich nicht sagen kann, wie man gut sitzt, aber du tust es. Andererseits waren deine Schuhe egal, also solche, bei denen man sich nicht vorstellen kann, was zur Entscheidung geführt haben mag, sie zu kaufen. So wie bei den meisten Autofarben. Ich musste an diesen albernen, bunten VW Polo denken, den es in den Neunzigern mal gab, bei dem jedes Teil eine andere Farbe hatte. Die sind nicht gut gealtert, man sieht sie nirgendwo mehr, vielleicht ist aber auch nur der Witz alt geworden, und die Besitzer haben sie anders lackiert. Bin ich zu alt geworden für das alles hier?

Dann musstest du los, und wir haben am nächsten Tag noch WhatsApp ausgetauscht. »War ein schöner Abend!« Danach nie wieder was. Ich hoffe sehr, du warst es nicht. Sonst hätte ich einerseits deine Handy-

nummer und andererseits keinen Grund, dich je anzurufen. Aber du würdest mich anrufen, zukünftige Lieblingsfrau, wenn du es wärst, oder? Ich verspreche dir, es lohnt sich. Ein bisschen. Vielleicht.

7

Ich sitze im Auto vor dem Reitstall, auf dem Rücksitz, mit dem Laptop auf den Knien, als Nele anruft. »Hey«, sagt sie, »stör ich?« Natürlich stört sie. Ich würde nicht im Auto sitzen und schreiben, wenn es nicht dringend wäre, aber die wichtigste Unterscheidung im Leben ist die zwischen dringend und wichtig. »Du störst nie«, sage ich, «ich freu mich, wenn du anrufst.«

Ich habe sie seit Wochen weder gesehen noch gesprochen. Wir haben uns nach der Vernissage noch einmal getroffen, nach dem Flug von New York, und ironischerweise ist sie direkt danach für sechs Wochen nach Brooklyn gezogen. Ich traf sie auf dem Weg in die eine Richtung, während sie praktisch in die andere unterwegs war. Wir haben geskypt, aber es wurde weniger. Und irgendwann hörte es auf, weil wir beide wussten, dass es nie etwas werden würde mit uns zweien. Wir haben uns ein paar Nachrichten geschickt, seitdem sie wieder in Berlin ist. Aber jetzt, wo ich ihre Stimme höre, kommt ganz viel wieder zurück.

»Ich bin in Hamburg«, sagt sie, und ich bin zu überrascht, um zu antworten, »ich wusste nicht, wie lange ich bleibe, deshalb habe ich mich vorher nicht gemeldet, ...« Ich habe Angst vor dem, was sie gleich sagen wird. Und noch mehr, dass sie es vielleicht nicht sagen wird. »Ich bin heute zu einem Essen eingeladen«, fährt sie fort, »hast du Lust, mitzukommen?«

Ich schaue auf die Uhr, die mir sagt, es ist zwanzig vor sechs, eine Information, die mir keinen Schritt weiterhilft. »Wahnsinnig gerne«, sage ich, »aber ich müsste gucken, ob ich jemanden finde, der auf die Mädchen aufpasst. Wann denn, wo denn, wie denn?«

»Wie denn?« Ich kann hören, dass sie grinst. »Ich meinte ... egal, kann ich mich gleich wieder melden?« Sie kichert. »Mach das!« Als ich mich verabschiede, unterbricht sie mich. »Du, ich würde mich wirklich sehr freuen.« Jetzt grinse ich. »Ich mich auch«, sage ich, und dann noch einmal, »ich mich auch.«

Ich texte der Nachbarstochter und frage sie, ob sie auf Nummer eins und Nummer zwei aufpassen kann. Um halb sieben ist die Reitstunde um, bis dahin muss ich einen Text abgeschickt haben und danach direkt nach Hause, um Abendbrot zu machen. Ich würde gerne eine Zigarette rauchen, aber das Auto ist vom Carsharing, darin kann ich nicht rauchen, und draußen kann ich nicht schreiben. Das Handy vibriert. Die Nachbarstochter hat an dem Abend nichts anderes vor. Ich schreibe Nele eine Nachricht: »Abendessen klappt. Wann, wie, wo, was (ich weiß das Warum)?« Dann tippe ich auf Senden und starre auf die kleinen Häkchen, die anzeigen, dass sie die Nachricht empfangen hat. Sie sind grau, noch hat sie sie nicht gelesen. Ungeduldig starre ich auf die grauen Häkchen. Was macht sie denn?

Ich werde eine rauchen. Als ich am Türgriff ziehe, geht die Tür nicht auf. Ich versuche es noch einmal. Abgeschlossen. Auch auf der anderen Seite. Ich greife umständlich am Beifahrersitz vorbei und ziehe dort am Griff der Tür, und tatsächlich, sie geht auf. Hinten muss die Kindersicherung eingeschaltet sein. Also schiebe ich mich zwischen den Sitzen hindurch nach vorne, um dort auszusteigen, aber dieses Auto ist eng. Ich zwänge meinen Oberkörper zwischen den Sitzlehnen hindurch und versuche, mein rechtes Bein nachzuziehen, als das

Handy in meiner Tasche zu vibrieren beginnt. Ich fische es heraus. Nele.

»Hey!« Ich versuche, so entspannt wie möglich zu klingen. »Du«, sagt sie, «das Essen ist abgesagt. Sehen wir uns trotzdem?«

»Klar«, sage ich. Ich will noch etwas anfügen, und sie merkt es an meiner Stimme und sagt nichts. »Ich freue mich sehr, dich zu sehen«, sage ich schließlich, und sie antwortet »ja, ich mich auch«. Wir verabreden, dass ich sie bei einer Freundin abhole, bei der sie übernachtet. »Ich freu mich«, sage ich noch einmal. Und es stimmt, ich freue mich. Auch wenn es nur ein Aspekt der vielen Dinge ist, die ich fühle.

Ich befreie mich aus meiner Lage zwischen den Autositzen, klettere über den Beifahrersitz nach draußen und zünde mir eine Zigarette an.

Nele. In einem Schwall kommen all die Dinge zurück, die mir durch den Kopf gegangen sind, als wir damals zusammen unterwegs waren, auf der Vernissage und danach in dem Restaurant, wo wir gesessen und über das Leben gesprochen haben, indem wir uns über Bücher unterhalten haben. Sie liest viel, und vieles davon wäre mir zu anstrengend, zumindest im Moment. Mir ist vieles zu anstrengend in diesem Jahr. Zum Glück war ich ein ziemlich nerdiger Teenager, was Bücher betrifft, sonst hätte ich in dem Gespräch wahrscheinlich gar nichts beitragen können.

Es waren die Kleinigkeiten, die mich nicht mehr losgelassen haben seit jenem Abend. Die Details. Winzige Bewegungen, die sie unbewusst gemacht hat. Die Form ihrer Oberlippe. Die Art, wie sie ihr Haar zurückgeworfen hat, oder ihr Blick, wenn sie etwas offensichtlich Ironisches gesagt hat. Meine Aufmerksamkeit schien auf die höchste Stufe gestellt, ich nahm jedes noch so feine Detail wahr. So als wäre ich zum ersten Mal seit langer Zeit wieder wach, nach all den Monaten, die ich mehr oder weniger stumpf und taub vor mich hingelebt und die Welt durch einen Schleier wahrgenommen hatte. Nun sah ich viele Einzelheiten, von denen ich wusste, dass ich sie lieben würde, wenn ich diese Frau lieben würde. Und diese Frau ist klug, schön und sexy, und ich fühle mich wohl, wenn sie da ist, auf eine aufgeregte Art, weil ich niemals weiß, was sie als Nächstes sagen oder tun wird. Was ich nicht wusste, und immer noch nicht weiß, ist, ob ich verliebt bin in sie.

Nummer zwei kommt auf das Auto zugestapft, in einer Hand den Kasten mit dem Pferdeputzzeug, in der anderen ihren Reithelm und ihre Gerte. Halb sieben. Und ich habe immer noch keinen Text abgegeben. »Kommt deine Schwester auch?«, frage ich, und Nummer zwei schüttelt den Kopf. »Die will mit dem Bus fahren.« Nummer eins nimmt einen Umweg von einer halben Stunde in Kauf, wenn sie dafür eine Viertelstunde länger im Stall bleiben kann. Dafür ist das Essen schon fertig, wenn sie zu Hause ankommt.

Wir steigen ein, und Nummer zwei fällt erschöpft in die Rückbank. »Was essen wir heute, Papa?« Ich bin ein bisschen stolz darauf, dass ich abends immer koche. Mittags essen die Kinder in der Schule. Wir haben das immer so gemacht, nicht nur, weil wir selber gerne essen, sondern auch, weil es uns richtig schien, Kindern die Freude an und den Respekt für gutes Essen zu vermitteln. Aus frischen Zutaten. In Wahrheit habe ich damit wahrscheinlich mir selbst mehr geholfen als Nummer eins und Nummer zwei, und habe es durchgezogen. Heute nicht. »Ich dachte, wir bestellen was beim Asiaten«, sage ich, und Nummer zwei jubelt auf der Rückbank. »Oh, ja!«

Ich muss noch duschen. Und mich umziehen. Mich in einen Menschen verwandeln, den man küssen wollen kann. Oder sogar Sex mit ihm haben. Wie auch immer diese Verwandlung stattfinden soll.

Ich bestelle und bezahle im Internet, und kaum zwanzig Minuten später steht ein junger Mann mit einer Tüte voller Styroporboxen vor der Tür. Nummer zwei macht ihm auf, weil ich unter der Dusche stehe, und gibt ihm Trinkgeld. Ohne es sehen zu können, weiß ich, wie stolz sie ist, wenn sie erwachsene Aufgaben erledigen darf, vor allem dann, wenn sie keinerlei Anstrengungen von ihr erfordern. Ich kann es mir sehr genau ausmalen, wie sie ihm den Fünf-Euro-Schein überreicht, den ich dafür bereitgelegt habe, und mit ernster Miene sagt: »Hier, das ist für Sie!« Ich muss schmunzeln, während ich zu entscheiden versuche, ob ich mich rasieren soll oder nicht. Frisch rasiert sehe ich aus wie zwölf, aber mein immer schon löchriger Bartschatten ist auch nichts, das man unbedingt vorzeigen muss. Es ist einer dieser Momente, in denen ich gern alles wäre, was ich nicht bin: ein langer, dünner Mann mit einem dichten Vollbart. Und einer Frau.

Trotzdem grinse ich. Wegen Nummer zwei und ihrem Stolz. Es ist eins der Dinge, die man erst lernt, wenn man liebt: Während du ein Leben lang versuchst, ein Held zu werden, hast du deine glücklichsten Momente, wenn ein geliebter Mensch ohne deine Hilfe stark ist.

Ich trockne mich ab und entscheide mich gegen das Rasieren, weil es zu viel Zeit kostet. Beim Anziehen hoffe ich, dass es gut aussieht, ohne zu verraten, wie viele Gedanken ich mir gemacht habe. Ich habe nicht den Hauch einer Ahnung, was Frauen an Männern sexy finden, aber ich glaube, Eitelkeit ist es nicht.

Die Nachbarstochter ist da, ich küsse Nummer eins und Nummer zwei zum Abschied auf die Stirn und bin raus.

Mit einer Zigarette im Mund setze ich den neuen Helm auf, der endlich wieder so eng am Kopf anliegt, wie es ein Helm tun sollte. Die Welt verschwindet, wenn man sie nicht hört.

Ich starte die Vespa, fädle mich zwischen den geparkten Autos hindurch zur Straße und gebe Gas.

Als ich klingle, meldet sich Neles Stimme über die Gegensprechanlage. »Ich komme runter!« Mein Magen zieht sich zusammen. Ich habe sie lange nicht gesehen und war mir nicht sicher, ob ich sie je wiedersehen würde. Wir waren uns nah, auf eine Art, auf diese vorsichtige, wacklige Art, in der man Fremden nah kommt. Wenn man nach jedem Satz, den man sagt, hinüberblickt, um zu sehen, wie er aufgenommen wird, was die Reaktion ist, während man selbst jede Information als aufregendes, wertvolles neues Steinchen in dem großen Mosaik begreift, das man malt. Es ist ein gutes Gefühl, ganz neu damit zu beginnen, die Person zu malen, die man sein will, auch wenn es immer wieder damit endet, dass wir sind, wer wir sind.

Durch die Scheibe in der Tür sehe ich als Erstes ihre Beine die Treppe herunterkommen. Sie trägt Jeansshorts, und zum ersten Mal fällt mir auf, wie schön ihre Beine sind. Sie trägt ein T-Shirt und eine leichte Lederjacke. Die Haare sind offen, nur mit einer Sonnenbrille zurückgehalten. Sie lächelt, als sie mich durch die Scheibe sieht, und noch breiter, als sie die Tür öffnet. »Na?«

Wir umarmen uns, und sie gibt mir einen Kuss auf den Mund. Für zwei, drei Sekunden halten wir uns im Arm, dann gehen wir beide einen halben Schritt zurück und sehen uns an, solange wir es aushalten. Ich reiche ihr den Helm von Nummer eins, den ich mitgenommen habe. »Hier«, sage ich. Sie sieht zu der Vespa, die am Straßenrand geparkt ist. »Darf ich fahren«, fragt sie, und ich sage »natürlich«, während ich mich frage, ob es angemessen wäre, sie zu fragen, ob sie einen Motorradführerschein hat. Sie lacht so schön, dass ich es nicht über mich bringe. Ich gebe ihr den Schlüssel. »Auf gehts!«

Wenn die Hamburger Sonne tief steht, taucht sie die Stadt in das wärmste Licht, das es gibt. Ich kauere hinter Nele auf der Bank des Rollers und halte sie so eng umschlungen, wie ich mich traue, während sie sich routiniert durch den Verkehr schlängelt. Ich muss aufpassen, dass mein Helm nicht bei jeder Bremsung gegen ihren prallt. Wir fahren die Elbchaussee entlang Richtung Blankenese, vorbei am Hafen, wo die blauroten Kräne und die bunten Container in unwirklich satten Farben leuchten.

Wir fahren weit hinaus, bis ans Falkensteiner Ufer, kaufen zwei Biere am Kiosk des Campingplatzes und nehmen sie mit an den Strand. Es ist immer noch ziemlich warm, und wir legen uns eng aneinandergeschmiegt auf den Sand. »Ich hab dich vermisst«, sagt sie, »irgendwie«, und für einen Moment fühle ich die Leichtigkeit eines Augenblicks, der keine Vergangenheit hat und keine Zukunft braucht. Ihr Gesicht ist ganz nah an meinem, sie beugt sich vor und drückt ihre Lippen auf meine. Wir küssen uns, sehr vorsichtig zunächst, dann ein bisschen leidenschaftlicher. Unsere Zungenspitzen berühren sich, spielen miteinander, und sie drückt sich an mich, während meine Hand durch ihre Haare wuschelt und über ihre Wange streicht. Nicht weit entfernt ertönt das Horn eines Containerschiffs, es klingt wie ein Salut. Wir lächeln uns an, als hätten wir etwas Verbotenes getan. »Ich habe dich auch vermisst«, sage ich. Wir setzen uns auf, nehmen jeder einen Schluck aus unseren Bierflaschen und blicken über die Elbe. Das Containerschiff wirkt viel zu groß für diesen relativ bescheidenen Fluss, zu dramatisch, aber das ist ein ganz normaler Anblick hier. Am Rande des Wassers kreischen die spielenden Kinder, als die Bugwelle des Schiffes den Strand erreicht.

Ich zünde zwei Zigaretten an und gebe ihr eine. Langsam zieht sie den Rauch ein. Sie hat die Lederjacke ausgezogen, und in dem weißen T-Shirt sehen ihre Arme noch brauner aus, als sie sind. Die tief stehende Sonne hinter ihr lässt ihre blonden Haare leuchten wie einen Heiligenschein. Sie wischt sich Sand von den Beinen. Ich weiß nicht, ob ich je etwas so Perfektes gesehen habe wie Nele in diesem Moment.

Dreißig Meter den Strand hinunter sitzt eine Gruppe Jugendlicher und lässt einen Joint kreisen. Mit dem Rauch ziehen Fetzen der Musik herüber. Eine zitternde, auf selbstbewusste Art jaulende Gitarre, irgendwo zwischen Rock und Blues. Mir war nicht klar, dass es noch Jugendliche gibt, die so etwas hören. »Was für Musik ist das«, frage ich Nele. Sie kneift die Augen zusammen und lauscht angestrengt. »Für einen Moment dachte ich, Jimi Hendrix«, sagt sie, »aber das war nur so ein Fitzelchen ... nein, ich glaube, das kenne ich nicht.« Wir legen uns zurück und liegen eng aneinandergeschmiegt, ich auf dem Rücken, sie in der Beuge meines rechten Arms. Ihre Hand liegt auf meiner Brust und streichelt sie sanft, fast wie abwesend, als wäre sie mit ihren Gedanken ganz woanders. Und plötzlich ist der perfekte Moment vorbei.

Was machen wir hier? Vor meinem inneren Auge tauchen Bilder auf, davon, wie es wäre, wenn es so weiterginge, wenn wir für immer zusammenbleiben würden. Es ist absurd, wir haben uns ungefähr zweieinhalb Mal geküsst in unserem Leben, mehr nicht, es gibt keinen Grund, warum ich gleich an die Ewigkeit denken sollte, nicht einmal an die nächste Woche, dennoch trifft es mich mit Wucht. Meine letzte Beziehung war meine Ehe, und die sollte für immer sein, und jetzt ist es, als hätte ich jede andere Art von Beziehung verlernt, als gäbe es nichts anderes mehr, weil alles »für immer« verschwunden ist, als ich noch glaubte, ich brauche es nicht mehr, so wie man alles vergisst, was man in der fünften Klasse gelernt hat. Und während mein Kopf weiß, dass es falsch ist, so zu denken, sogar albern, dumm, abwegig, fühlt sich plötzlich all das, was sich eben noch gut angefühlt hat, auf einen Schlag an, als würde ich etwas Verbotenes tun, oder noch schlimmer, etwas Schäbiges. Jemanden auf diese Art zu küssen, war für lange

Zeit nicht nur das, es war nicht einfach nur schön, es war der Ausdruck von etwas, das man mit Worten nicht beschreiben konnte, oder nur so: Es war der Ausdruck einer ewigen Liebe. Und jetzt fühlt es sich gut an, Nele zu küssen, aber dass sich etwas gut anfühlt, ist noch kein Grund, es zu tun.

Sie scheint zu spüren, dass ich abwesend bin, denn sie stützt sich auf die Unterarme und schaut mir ins Gesicht. »Was denkst du«, fragt sie. Ich taste mit der linken Hand nach einer Zigarette und stecke sie mir in den Mundwinkel, um Zeit zu gewinnen. »Ich denke darüber nach, was wir hier machen.« Ich zünde die Zigarette an und halte sie ihr hin. Sie nimmt einen Zug. Mit dem Ausatmen fragt sie zurück: »Und, was machen wir?«

»Ich weiß es nicht. Ich meine, was möchtest du? Was wünschst du dir?« Sie sieht mich nachdenklich an, aber nicht so, als würde sie über das nachdenken, was ich gesagt habe, sondern darüber, was in meinem Kopf falsch verlötet sein muss, dass ich jetzt mit so was um die Ecke komme. Sie nimmt einen letzten Schluck aus der Bierflasche. »Jetzt gerade«, sagt sie, »will ich, dass du mich nach Hause fährst, mir die Klamotten vom Leib reißt und mit mir schläfst.« Sie lächelt, und ich denke *okay*. Das ist tatsächlich das Einzige, was ich denke, okay, das klingt irgendwie machbar. Und ziemlich schön.

Liebe zukünftige Lieblingsfrau,
ich habe mit einer Frau geschlafen. Es war schön. Es
war merkwürdig. Es war – ich weiß nicht, wie ich es
besser sagen soll – gleichzeitig richtig und falsch. Und
gleichzeitig wichtig und auch wieder nicht. Du siehst
schon, das wird kompliziert hier. Darf ich es erklären?
Ich habe mehr als zehn Jahre lang mit keiner

anderen Frau geschlafen als mit meiner. Nicht, weil ich heilig bin, sondern wie Paul Newman gesagt hat: Warum sollte ich auswärts einen Burger essen, wenn ich ein Steak zu Hause hab? Ich war sehr verliebt und hatte wahnsinnig viel Glück, bis ich plötzlich keins mehr hatte. Es war einfach. Jetzt ist es schwer.

Aber es war schön, dieses neue erste Mal, wirklich, und es war merkwürdig, weil es sich trotz allem ein bisschen angefühlt hat, als würde ich meine Frau betrügen. Das klingt bescheuert, oder? Aber es fühlte sich ein klein wenig an, als würde ich mich zu etwas überwinden müssen, was ich eigentlich nicht tun wollte, was noch viel bescheuerter ist, weil ich es zugleich wahnsinnig gerne wollte. Und es war so fremd.

Irgendwie hatte ich verdrängt, dass jeder Körper eine andere Grundspannung hat, jede Haut eine andere, wie soll ich das sagen, Elastizität, Textur, eine andere Weichheit. Eher kühl und glatt wie Seide, oder warm und tief wie Samt. Es gibt wenig Fremderes als einen nackten Körper, den man zum ersten Mal berührt, und wenig Intimeres, als gemeinsam geil zu sein. Fremd und intim, zwei Extreme, und sie sind weit voneinander entfernt. Es sind wunderschöne Orte, versteh mich nicht falsch. Fremd ist aufregend, und intim ist es noch viel mehr. Was ich sagen will, ist nur: Ich hatte sie lange nur zusammen mit der größten Nähe, die ich je erlebt habe, und ich wusste in Wahrheit nur noch theoretisch, dass Nähe mit Intimität nicht unbedingt zu tun hat.

Jede Nähe ist wie ein eigenes Wesen, keine wie die andere, und diese Nähe hier war ein schönes Wesen, aber fremd. Du kannst über einen anderen Menschen denken: »Es ist, als würden wir uns schon immer kennen.« Oder, im Gegenteil: »Es ist so aufregend neu und rätselhaft«, oder beides auf einmal, aber nichts davon erklärt, wie nah man sich fühlt, und wie sich die Nähe anfühlt.

Es ist ja kein Typ Frau, den ich suche. Ich wünsche mir dich nicht klein oder groß, blond oder dunkel oder als Stripperin mit einem Doktortitel in Quantenphysik. Ich suche keinen Typ Frau. Ich suche einen Typ Nähe.

Kennst du das, wenn ein anderer Mensch dich findet? Sicher kennst du das: Wenn du plötzlich die beste Version von dir selbst bist? Wenn du gar nicht mehr auf die Idee kommst, dich zu verstellen. Ich wünsche mir noch einmal so eine Nähe, die macht, dass ich in meiner richtigen Version lebe. Und du musst gar nichts dafür tun, du müsstest nur da sein.

Und dann würden wir übereinander herfallen, bei jeder möglichen und unmöglichen Gelegenheit, dem Leben Momente stehlen, Stunden, Nächte, und würden uns wahnsinnig machen. Ich würde hören, wie dein Atem schwer wird, und deine Haut an meiner spüren, dich fühlen und riechen und schmecken, und wir wären an einem Ort, du und ich und die einzigartige Nähe, geil und glücklich. Einfach nur da, aber vor allem: ganz und gar.

Kommst du mit?

8

Ich schreibe seit fast zwanzig Jahren Kolumnen. Für Männer- und Frauenzeitschriften, für Schweizer Wochenmagazine, Golfzeitschriften (ich war eine Zeit lang einer der schlechtesten und gleichzeitig glücklichsten Golfer der Welt), Technikmagazine und Tageszeitungen. Im Prinzip müsste man mich nachts um drei anrufen können und eine Kolumne von mir fordern, und ich würde sie abgeben, bevor die Sonne aufgegangen ist. Aber ich kann nicht mehr schreiben.

Der letzte lesbare Text, den ich geliefert habe, war das Interview mit Jake Gyllenhaal, und das ist inzwischen Wochen her. Außerdem musste ich eigentlich nur das Band abtippen und übersetzen, und ich habe trotzdem zwei Wochen dafür gebraucht. Ich kann es einfach nicht mehr. Es ist, als würde mir mein Kopf nicht mehr gehorchen, als wäre ich nicht mehr Herr meiner Gedanken. Ich kann nicht steuern, worüber ich mir Gedanken mache, zumindest nicht, wenn ich allein bin. Es geht, wenn ich mit jemandem spreche, ich reagiere einigermaßen normal, glaube ich, sobald ich allein bin, entgleitet mir die Konzentration, und ich rutsche in einen Zustand von Fixierung auf den einen Punkt, auf das Unfassbare, das wahr ist, und das ich einfach nicht glauben will: Sie ist weg und kommt nicht wieder zurück.

Ich muss eine Kolumne schreiben. Eigentlich muss ich zehn Kolumnen schreiben, weil sie beim Magazin gerne ein bisschen sogenannten Vorlauf haben, Planungssicherheit. Es weiß ja keiner, ob ich es kann, was für mich im Moment gnädigerweise heißt, sie wissen nicht, dass ich es nicht kann. Was sie wissen, ist nur, dass ich zwei Wochen zu spät dran bin mit der Abgabe. Mir fällt einfach nichts ein.

Ich stehe vom Tisch auf und setze mich aufs Sofa. Manchmal hilft es, den Ort zu wechseln, um auf andere Gedanken zu kommen. Ich sitze sicher fünf Minuten und starre vor mich hin. Aber es kommt kein neuer Gedanke. Stattdessen kommt Willy und legt sich neben mich.

Irgendwann wechsle ich die Position. Ich hebe Willy hoch, lege mich auf das Sofa, mit den Füßen auf der Lehne und dem Kater auf meinem Bauch.

Wie ist es denn nun, nach so vielen Jahren wieder Single zu sein? Ich muss darüber schreiben, mindestens zehn Wochen lang, am liebsten sogar fünfundzwanzig, aber dazu müsste es, egal wie es tatsächlich ist, zumindest lustig oder wenigstens interessant zu lesen sein. Ist das so schwer?

Mein Handy vibriert in meiner Hosentasche, und ich versuche, es herauszunehmen, ohne Willy zu verscheuchen. Es beruhigt mich, wenn er auf meinem Bauch liegt, und ich kann alle Ruhe gebrauchen, die ich kriege. Eine Nachricht im Messenger. Vier Bilder, auf allen bin ich, einmal tanzend, einmal allein auf einer nächtlichen Straße, einmal in einer Gruppe, und einmal eingehakt neben einer lachenden blonden Frau. Zsa Zsa. Ich lache auf dem Bild, sehe überhaupt glücklich aus. Ich kann mich nicht erinnern, dass diese Fotos gemacht worden sind, aber ich freue mich, zu sehen, dass ich immer noch glücklich aussehen kann. Unbeschwert. Und frei.

Zum ersten Mal lese ich Zsa Zsas echten Namen und muss fast lachen, dass ich bisher nie auf die Idee gekommen bin, sie hieße in Wahrheit anders. »Es war ein schöner Abend«, steht unter den Bildern. Ja, das war es, mehr als das. Ihr raumgreifender Wille, so viel Spaß wie möglich aus dem Abend zu quetschen, war ansteckend. Ich wünsche mir mehr von diesem lachenden Ich auf dem Bild und schreibe zurück: »Mehr als das, ein großartiger Abend. Ich hoffe, wir sehen uns bald wieder!«

In dem Moment, in dem ich es abschicke, kommt der erste Zweifel. Nach allem, was ich von ihr gesehen habe, wirkt sie, als hätte sie jeden Tag solche Abende. Vielleicht empfindet sie »großartig« als vollkommen uncool für einen aus ihrer Sicht eher durchschnittlichen Abend? Oder sogar als Ironie? Und vielleicht höre ich irgendwann mal damit auf, alles so wahnhaft durchzudenken?

Als ich hochschieße, springt der erschreckte Willy von meinem Bauch auf den Boden. Könnte das ein Thema sein? Dass man als Single anfängt, alles durchzudenken, weil man viel sorgfältiger darauf achtet, wie es wirkt, was man tut? Schließlich will man niemanden abschrecken, der der nächste perfekte Partner sein könnte. Ich mache einen Satz hinüber zu dem Wohnzimmertisch, auf dem mein Laptop steht, und tippe nervös auf die Leertaste, um ihn aus dem Schlafmodus zu wecken. Dann das Passwort, und wieder warten. Endlich erscheint das leere Dokument vor mir, leer bis auf die Überschrift: »Singlekolumne 1«. Ich brauche einen ersten Satz, dann wird alles gut. Danach wird alles wie von selbst aus mir herausfließen, schließlich habe ich die komplette Recherche in den vergangenen Monaten schon gemacht. Gleich werde ich all die bescheuerten, wahnhaften Gedanken in Kolumnengold verwandeln und damit in Lebensunterhalt für meine Töchter. Ich brauche nur diesen verdammten ersten Satz.

So sitze ich. Noch mal fünf Minuten, schließlich zehn. Ich schrecke kurz auf, als Willy auf meinen Schoß springt, seinen

Lieblingsplatz, und kraule abwesend seinen Kopf, während ich auf die leere Seite des Schreibprogramms blicke. Nach einer Viertelstunde stehe ich auf und gehe in die Küche, um an der Gartentür eine Zigarette zu rauchen. Willy folgt mir in der Hoffnung auf Futter. Oder weil er mir gerne folgt, wer weiß das schon. In der geöffneten Tür blicke ich hinaus in meinen winzigen, überwucherten Garten. Willy kommt und setzt sich neben mich. »Wie findest du das«, frage ich ihn: »Ich denke, ich bin eigentlich ganz okay. Außer, wenn ich denke.« Ich blicke zu Willy, der weiter ungerührt in den Garten starrt. »Nicht gut«, frage ich ihn, »zu *cheesy?*« Murmelnd wiederhole ich den Satz. Die zwei Sätze, wenn man es genau nimmt, denn mit einem Komma in der Mitte wäre er zu schnell, das würde die Pointe versauen. Wenn man das als Pointe bezeichnen will. Es sind nicht die schlechtesten zwei Sätze meines Lebens, aber großartig sind sie auch nicht. Überhaupt sollte man mit dem Wort »großartig« sparsam umgehen, verdammt. Irgendetwas stört mich an diesem Satz, und ich überlege, ob es die Doppelung von »Denken« ist. Doch anders funktioniert der Satz gar nicht: »Ich glaube, außer wenn ich denke?« Ich sehe Willy fragend an, der halbes Interesse zeigt, aber nicht an mir, sondern an einer Amsel, die auf dem zerrupften Rasen nach Würmern pickt. »Funktioniert gar nicht«, sage ich strafend, »das muss dir doch auffallen!« Willy zuckt, erhebt sich langsam auf alle viere und geht mit majestätischer Langeweile in seinem Schritt hinüber zum Fressnapf. Dort setzt er sich wieder hin und sieht mich erwartungsvoll an. »Sofort«, sage ich, »sofort.«

Ich drücke meine Zigarette in dem Aschenbecher aus, der vor der Küche steht, und gehe zur Kammer, in der die Paletten mit dem Nassfutter stehen, in dessen Glibber irgendetwas sein muss, was Katzen süchtig macht, jedenfalls lecken sie es als Erstes heraus und lassen die angeblich so hochwertigen Fleischstücke noch stundenlang in ihren Näpfen stehen. Als ich in den dunklen, kleinen Raum blicke, trifft mich die Erkenntnis, warum dieser Satz so falsch klingt: Ich finde mich nicht okay.

Während sich meine Augen an das fehlende Licht gewöhnen, sehe ich nicht die Regale mit den Dosen, dem Klopapier und den Gläsern mit eingelegten Oliven, sondern: einen traurigen, nicht mehr jungen Mann mit dünner werdenden Haaren und Hang zu Übergewicht, der nur eine Sache in seinem Leben richtig machen musste, um glücklich zu sein, und das war, seine Familie zusammenzuhalten. Das hat er verkackt. Ich finde mich nicht okay, sondern erbärmlich. Und nicht zuletzt deshalb, weil ich in Selbstmitleid bade.

Ich fülle den Katzen ihr Suchtfutter in ihre Näpfe, und schon beim ersten Knacken des Dosendeckel-Abreißnupsis kommt auch Hummel angeschossen, die den Rest des Tages unsichtbar war, wahrscheinlich unter meinem Bett versteckt, und die beiden stürzen sich auf ihre Mahlzeit. »Der Scheiß ist«, erkläre ich den Katzen, solange sie nicht weglaufen, weil sie eben süchtig sind, »dass man entweder ehrlich ist und klingt wie ein pathetischer, weinerlicher Idiot, oder man ist nicht ehrlich, dann sollte man lieber klauen als schreiben. Das macht mehr Sinn.« Aber die Katzen sind mit ihren Köpfen tief im Glibber vergraben. »Verdammte Junkies«, sage ich und gehe zurück ins Wohnzimmer an meinen Rechner.

Das eigentlich Schlimme ist, dass ich es gern erzählen würde. Ich würde gern erzählen, wie schwer es ist, wie merkwürdig. Ich würde es gern teilen, und nicht allein sein damit. Aber der Mensch, mit dem ich all diese Dinge geteilt habe, ist weg. Vielleicht ist das der fieseste Punkt daran, verlassen zu werden: zusätzlich zu dem Schmerz fehlt plötzlich genau die Person, mit der zu reden früher einmal allen Schmerz erträglich gemacht hat. »Du kannst nicht herumlaufen wie eine offene Wunde«, hat Jake Gyllenhaal gesagt. Und an manchen Tagen heißt das einfach: Du blutest allein.

Ich muss schreiben. Irgendwas. Ich bin ein Profi, ich mache das hauptberuflich. Und nebenberuflich. Ich mache nichts anderes, und ich mache es freiberuflich, was bedeutet, ich muss meine schlechten Tage nachholen, und ich hatte in diesem Jahr bisher eigentlich nur schlechte Tage. Abgesehen von allem anderen, wird mein Geld knapp, das heißt, eigentlich ist das nicht mal mein Geld, das knapp wird, sondern der Spielraum in meinem Dispo. Nicht arbeiten können und zugleich plötzlich Unterhalt zahlen und Möbel nachkaufen und verdammtes Besteck, kann nicht aufgehen. Ich muss irgendwas schreiben, muss ein Profi sein. Es gibt eine Familie, die davon lebt, dass ich hauptberuflich schreibe. Allerdings müsste ich, wenn ich genau hingucke, eigentlich auch unbedingt mal die Fenster putzen.

Das ist schließlich mein Tag: Ich putze die Fenster und hänge Vorhänge ab, um sie zu waschen, probiere meine komplette Sommergarderobe an, die genau genommen meine komplette Garderobe ist minus die Pullover und eine lange Unterhose, die ich früher im Winter angezogen habe, wenn ich im Reitstall Nummer zwei zugesehen habe. Als ich nach etwas Essbarem suche, finde ich Oliven, drei Zitronen, Schokoladenpudding, Proteinriegel, zwei Eier, vierzehn verschiedene Grillsoßen und eine halbe Packung gefrorene Erbsen. Ich nehme die Eier, trenne sorgfältig das Eiweiß vom Eigelb und mixe mir mit dem Saft der Zitronen und dem Eiweiß einen gigantischen Whisky Sour. Dann setze ich mich wieder vor den Rechner und starre auf das Dokument »Singlekolumne 1«. Eine halbe Stunde später bin ich betrunken, tue mir selbst leid, und der einzige Satz, den ich geschrieben habe, ist: »Hier bitte geistreiche Singlekolumne einfügen«.

Irgendwo vibriert mein Telefon. Ich weiß nicht, wo ich es habe liegen lassen, und das Vibrationssummen ist nicht so leicht zu orten. Als es aufhört, muss ich mich dreimal selbst vom Festnetz aus anrufen, bis ich es auf dem Wäschekorb im Badezimmer finde, wo ich es immer hinlege, wenn ich mir die Hände wasche, nachdem ich auf dem Klo gelesen habe. Vier Anrufe in Abwesenheit. Drei von mir selbst und einer von Nele.

Ich stelle mich an die geöffnete Küchentür und zünde mir eine Zigarette an, bevor ich zurückrufe. Nele! Wir haben uns nicht gesprochen seit unserer Nacht vor zwei Tagen, nur WhatsApp-Nachrichten geschickt. Sie ist gut in Frankfurt angekommen, und danach hat sie gearbeitet. Immer unterwegs.

»Hey«, sagt sie, und ihre Stimme klingt sanft wie eine Berührung. »Hey«, sage ich, und ich bin plötzlich sentimental, wie es nur betrunkene Südländer sein können, die von einem weit entfernten Hafen ihre Braut anrufen. »Ich ...«, ich weiß nicht, was ich eigentlich sagen will, wahrscheinlich etwas, das ich bereuen werde. »Ich hab das Telefon nicht gleich gefunden«, erkläre ich stattdessen, »es lag halb unter einem Handtuch und ... ja?« Sie hatte ein Geräusch gemacht, ein lautes Atmen oder so etwas, jedenfalls war klar, dass sie mich unterbrechen wollte. »Ich muss dir etwas sagen«, bringt sie hervor, und ich weiß sofort, was es ist, bevor der erste Laut des ersten Wortes ausgesprochen ist, »ich hätte es dir natürlich vorher sagen müssen, aber ich ... ich wollte ... ich habe jemanden kennengelernt.« Sie macht eine Pause, und es stürzen gleichzeitig zwei ganz unterschiedliche Gefühle auf mich ein. Traurigkeit und unendliche Erleichterung – darüber, dass ich sie vermissen und Sehnsucht nach ihr haben darf, ohne je Gefahr zu laufen, sie dabei unglücklich zu machen, weil ich niemals halten könnte, was sie sich von mir verspricht. »Ich hätte es dir sagen sollen«, sagt sie, »aber ich wollte dich sehen. Und wollte diese Nacht mit dir. Ich wollte sie mir nicht ein Leben lang vorstellen, sondern sie erleben. Verstehst du das?« Vor meinem inneren Auge sehe ich ihre Haut auf dem Bettlaken. Ihren Mund, der zittert, während ich ihren Hals küsse. Ihre Brust-

warzen, die zwischen meinen Fingern hart werden. Ihr Lächeln. »Hey«, sage ich wieder, um Zeit zu gewinnen, »ich muss doch überhaupt nichts verstehen. Ich finde dich toll ...«
»Aber ich wünsche mir, dass du es verstehst!« – »Natürlich. Ich ... es gibt nichts, was man nicht verstehen könnte. Ich will doch, dass du glücklich bist.« Für einen Moment wird sie still, als warte sie, dass ich noch etwas sage, doch ich widerstehe der Versuchung, ins Labern zu kommen. Ich bin betrunken, aber noch klar genug, um zu wissen, dass das nie gut rauskommt. Da kenne ich mich gut genug. »Ich wünsche mir, dass du in meinem Leben bleibst«, sagt sie schließlich leise, und ich antworte: »Ich bin da«, was nur ein Ausweichen ist vor dem, was wir beide wissen: So läuft es nie.

Es ist der Moment, in dem man das Gespräch hätte beenden sollen, aber ich schaffe es nicht. Aus den Untiefen meiner Seele meldet sich mein verletztes männliches Ego und fragt erschüttert nach, wie es sein kann, dass ich schon wieder nicht liebenswert genug bin für eine Frau, die mich haben könnte. Ich muss es einfach noch einmal hören, mich noch einmal suhlen in der Bestätigung dessen, was ich sehe, wenn ich in den Spiegel schaue, und was ich fühle, wenn ich in zusammengesackter beruflicher Impotenz vor meinem Bildschirm hocke und keinen Satz schreiben kann, der nicht furchtbar ist. »Ist es ein guter Typ«, frage ich, und sie stockt kurz, bevor sie sagt: »Ja. Ja, klar. Ich glaube schon.« Ich höre das Lächeln in ihrer Stimme, und plötzlich ist die Zärtlichkeit zurück. Ich mag sie, sogar sehr. Und ich will wirklich, dass sie glücklich ist. »Dann ist alles gut«, sage ich. Zumindest zwischen uns ist alles gut, bei mir gar nichts. Manchmal fällt es schwer, zu akzeptieren, dass man dafür selbst zuständig ist und niemand sonst. Und dass die Welt nicht stehenbleibt, weil man selbst gerade Schwierigkeiten hat, zu gehen.

Als wir auflegen, ist mein Wunsch noch dringlicher, mit

jemandem auf diese Art zu sprechen, auf die man etwas nur mit jemandem teilen kann, den man auf Augenhöhe liebt. Es gibt viele wunderbare Menschen, die ich anrufen könnte und die mir zuhören würden, doch was ich bekäme, wäre immer nur Mitgefühl, wirklich mit mir fühlen könnte keiner davon.

Ich setze mich an den Rechner und schreibe einen Brief an die Frau, die vielleicht irgendwann einmal auftaucht und genau das will: mit mir fühlen. Und plötzlich fangen die Sätze an zu fließen, als wäre Schreiben die einfachste Sache der Welt. Schon nach dem ersten Satz stelle ich fest, dass ich nicht von Nele erzählen muss, nicht jammern und mich nicht beklagen. Ich habe einen tollen Menschen getroffen, eine tolle Frau, und ich hatte Sex. Und das wird so bleiben. Es ist nichts falsch daran, dass daraus keine Ehe wird. Während ich darüber nachdenke, mein Leid zu teilen, um es zu halbieren, stelle ich fest, dass es mir weniger darum geht, was ich teile, sondern darum, dass ich es tue. Wie so oft weiß ich erst wirklich, was ich denke und fühle, wenn ich es aufschreibe. Professionell ist anders.

Liebe zukünftige Lieblingsfrau,
heute ist einer dieser Tage, die man teilen müsste,
damit sie sich überhaupt anfühlen wie gelebtes Leben.
Ich würde dir erzählen, was heute passiert ist, aber
nichts davon wäre es für sich alleine wert, dass man es
erzählt. Man ruft keine Freunde an, um zu fragen, ob
sie wissen, wie ein Lied plötzlich wieder in die Heavy
Rotation bei Radiosendern kommt, ich meine, bei
Twist In My Sobriety *von Tanita Tikaram mag es*
irgendwie angehen, auch wenn es ein Rätsel ist, dass
man es zwanzig Jahre lang gar nicht hört und dann

innerhalb von vier Tagen drei Mal. Mysteriös. Aber Deeply Dippy *von Right Said Fred, zweimal an einem Tag auf unterschiedlichen Sendern? Dafür kann es keine Rechtfertigung geben, das ist ein Angriff. Auf irgendwas. Ich möchte über solchen Quatsch reden. Über die komische Art, wie Willy und Hummel im Winter plötzlich kommen und mich kratzen, wenn sie gestreichelt werden wollen, weil ihnen das Wetter draußen zu schlecht und die Wohnung zu langweilig ist. Darüber, wie nervig es ist, wenn der eigene nutzlose Körper haargenau zwischen zwei T-Shirt-Größen steht, sodass man alle T-Shirts anprobieren muss, was im Laufe der Jahre wahrscheinlich Wochen an Lebenszeit frisst. Oder man kauft blind, und alle T-Shirts flattern komisch oder sitzen wie Wurstpelle.*

In Wahrheit, liebe zukünftige Lieblingsfrau, ist es mir total egal, worüber wir reden. Ich möchte einfach hören, wie es dir geht. Deine Laune spüren. An deinem Leben teilnehmen. Es ist komisch, aber das eigene Leben spürt man meist erst, wenn man ein anderes berührt. Und seitdem ich so oft machen kann, was ich will, will ich eigentlich nichts mehr.

Vielleicht habe ich aber auch einfach zu viel Zeit und komme deshalb auf Ideen. Dann sitze ich abends mit dem Laptop auf dem Sofa, trinke Rotwein und stalke Exfreundinnen auf Facebook. Die sehen alle glücklich aus, zufrieden und wunderschön, eben so, wie alle auf Facebook aussehen, inklusive mir. Auf meinen Fotos hatte ich das beste Jahr meines Lebens. Es ist eine alte Weisheit, dass man dringend Urlaub braucht, wenn man aussieht wie das Foto im eigenen Reisepass. Die neue Erkenntnis ist: Wenn du tatsächlich aussiehst wie deine Selfies auf Facebook, hast du das Nirwana erreicht.

Ich weiß nicht, ob du auf Facebook bist, liebe zukünftige Lieblingsfrau, die Wahrscheinlichkeit ist relativ hoch. Es ist merkwürdig, mir vorzustellen, dass ich nur deinen Namen eingeben müsste, und schon sähe ich dich, in deiner idealisierten Selfie-Form, aber das würde ich kaum bemerken, ich neige ein bisschen dazu, dich zu idealisieren, falls du das noch nicht bemerkt hast.

Dabei fällt mir ein: Ich könnte die Frage, wie alte Lieder plötzlich wieder in die Heavy Rotation von Radiosendern kommen, auf Facebook posten. Andererseits ist mir die Antwort total egal, sonst würde ich sie ja googeln. Ich will gar nicht wissen, warum das so ist, ich will wissen, was dir dazu einfällt, was du dir vorstellst, warum das so ist. Ich will ja auch nicht die Welt erklärt bekommen, sondern dich, und keine Weisheiten hören, sondern deine Stimme. Nicht dein Selfie sehen, sondern dich selbst.

Würde dir das was bedeuten?

9

Wahrscheinlich wären meine Tage anders, wenn ich morgens einen Schlips umbinden würde. Ich muss das unbedingt ausprobieren. Wenn ich, anstatt in T-Shirt und Unterhose an meinem Küchentisch vor dem Rechner zu sitzen, ein Hemd bügeln würde und faltenfrei in ein Büro gehen, oder in ein Café, irgendwohin jedenfalls, wo Leute mich sehen können, und nicht mit einem Gesicht, das aussieht, als hätte jemand versucht, mich mit einem Ako-Pad zu ersticken. Ich habe mal versucht, dem entgegenzuwirken, indem ich mich in Selbstgesprächen gesiezt habe, aber die Idee ist nicht so gut, wie sie klingt. Jetzt ist es fast mittags, und ich habe das ganze Internet durchforstet, aber immer noch nichts geschrieben, jedenfalls nichts, von dem ich möchte, dass es jemand liest.

Ich denke darüber nach, was ich erlebt habe in den letzten Wochen. Es muss etwas Lustiges dabei sein, irgendetwas, aus dem man eine Kolumne machen kann, die geistreich genug ist, um keine Zeitverschwendung zu sein. In Wahrheit steckt doch in allem eine Geschichte. Man muss sie nur erkennen. Es war heiß, als mir der Chefredakteur die Kolumne aufgetragen hat. Inzwischen sind die Straßen voller bunter Blätter.

Zsa Zsa hat sich nicht mehr gemeldet, ich mich auch nicht. Nicht noch mal. Ich weiß nicht, warum. Ich habe in dem ganzen vergangenen Jahr nicht so viel gelacht wie in jener Nacht.

Wahrscheinlich ist es ihre Art, sich viel freier zu bewegen als ich. Innerlich und äußerlich. Es gibt sowieso wenig, das attraktiver ist als jemand, der er selbst ist. Um irgendwo dazuzugehören, muss man erst mal ungefähr wissen, wer man ist. Ehemann zu sein, war ein riesengroßer Teil meines Lebens, ein definierender Teil. Jetzt, wo ich es nicht mehr bin, muss ich erst einmal neu bestimmen, was ich eigentlich bin. Und ob ich es sein will. Und falls nicht, was sonst.

Ich setze mir einen griechischen Kaffee auf. Ich muss unbedingt nach einer neuen Espressomaschine suchen, das geht so nicht ewig weiter. In Wahrheit weiß ich, dass ich wieder bei demselben Modell landen werde, meiner Vorkriegstechnik mit dem Arm, den man herunterpressen muss. Auf eine Art bin ich altmodisch. Noch drücke ich mich davor, das Geld auszugeben. Was zum Teil daran liegt, dass ich es nicht habe, zum Teil aber auch daran, dass ich es noch nicht vor mir gerechtfertigt habe, doch der Moment wird kommen. Wahrscheinlich bin ich momentan nicht besonders gut darin, Dinge zu akzeptieren, egal, wie klar sie sind.

Während ich in die dunkle Mischung aus Wasser und Kaffeepulver in dem kleinen Töpfchen starre, fällt mir auf, wie oft ich Dinge nicht mehr tue, seitdem ich sie nur noch für mich allein tun würde. Wie oft ich keinen Kaffee mache, nicht koche, mich nicht einmal dusche und anziehe. Wenn am Nachmittag der Postbote klingelt, öffne ich manchmal die Tür in dem T-Shirt, in dem ich geschlafen habe, in einer Schlafanzughose und mit Haaren, die ungekämmt in jede Richtung abstehen, außer der, die meine Friseurin vorgesehen hatte. Wenn ich nicht jede zweite Woche meine Töchter hätte, kochen, waschen, putzen und morgens um halb sieben Frühstück machen müsste, würde ich wahrscheinlich verwahrlosen und irgendwann gar nicht mehr aufstehen. In diesem Moment kocht der Kaffee über.

Der kleine rote Punkt am Symbol des E-Mail-Programms meldet 922 ungelesene Mails. Ich habe eine vermutlich viel zu aufwendige Routine, mit der ich alles aussiebe, was nur Benachrichtigungen von Facebook sind, die ungelesen gelöscht werden können, Rechnungen vom Carsharing und Versandbestätigungen von Online-Shops, die ich unbesehen als »gelesen« markiere. Bleiben noch 785 ungelesene Mails. Ich markiere über die Suchfunktion alle, die »Newsletter« im Betreff oder in der Absenderadresse haben. Bleiben noch 752. Ich fange an, zu scrollen. Die Mail, die ich suche, findet sich in der Mitte der ungelesenen. Ich hatte gehofft, es gäbe sie nicht, aber natürlich ist sie da. »So, Junge, jetzt schick mir mal was«, schreibt der Chefredakteur des Magazins. Ich bin weit jenseits aller Deadlines, die ich zugesagt habe, und weit jenseits allen professionellen Verhaltens. Autoren sind manchmal merkwürdige Gestalten. Manche Divenhaftigkeit wird uns verziehen, aber ich bin selbst nach den großzügigsten Standards meines Berufsstandes gerade ein Versager. Ich habe nix. Alles, was ich in den vergangenen Tagen, eigentlich Wochen geschrieben habe, sind Briefe an eine möglicherweise nur in meinen Fantasien existierende Frau, deren einziges bekanntes Merkmal ist, dass ich irrwitzig verliebt bin in sie. Und ich kann doch nicht ...

Ich beginne, die Briefe noch einmal zu lesen. Sie gehören zum Persönlichsten, was ich je geschrieben habe, und ohne professionellen Abstand habe ich kein echtes Gefühl dafür, ob sie als Kolumnen funktionieren würden. Besonders lustig sind sie nicht. Und erst recht habe ich keine Ahnung, ob sie gerade dadurch, dass sie so persönlich sind, auch andere ansprechen, ob die beschriebenen Gefühle universell genug sind, um verstanden zu werden, oder ob es nur mir so geht, wie es mir eben geht. Die eigentliche Frage ist: Wie merkwürdig bin ich? Ist das, was ich erlebe, zu individuell für einen öffentlichen

Text? Oder erleben das mehr oder weniger alle, die wieder da rausmüssen, weil das, was sie für ihr Leben gehalten haben, zusammengebrochen ist? Ich weiß es schlicht nicht. Ich zünde mir eine Zigarette an und denke nach, während ich langsam den Rauch hinausblase. Eigentlich weiß ich nur zwei Dinge: Der Chefredakteur würde beurteilen können, ob es funktioniert. Und ich habe nichts anderes, das ich ihm geben kann. Und etwas Drittes fällt mir noch ein, das ich weiß: Wenn ich ihm die Briefe schicke und er sagt, so geht es auf keinen Fall, dann wird das der peinlichste Tag meines Lebens. Denn ich habe sonst wirklich nichts, und die Erfahrung der letzten Wochen zeigt, dass ich auch nicht in der Lage sein werde, etwas anderes zu produzieren. Wenn er sagt, es funktioniert nicht, dann ist das heute meine Bankrotterklärung als Autor.

Ich schreibe ihm eine E-Mail, so kurz wie möglich. »Chef, guck doch mal, ich bin sehr unsicher, ob das funktioniert«. Dann hänge ich die Briefe an, die ich geschrieben habe. Und drücke auf Senden. Jetzt gibt es kein Zurück mehr.

Ich öffne Facebook, um mich abzulenken von den Gedanken daran, was jetzt alles schieflaufen kann. Bis heute ist mir das Prinzip nicht klar, nach dem auf meiner Facebookseite im Browser Chatfenster manchmal offen sind und manchmal nicht, aber gerade sind drei gleichzeitig geöffnet, und scheinbar sind es nur drei von viel mehr, denn immer, wenn ich eins schließe, öffnet sich stattdessen ein anderes. Ich chatte zu viel, das ist offensichtlich, doch es rettet mich davor, noch mehr E-Mails zu bekommen.

Während ich ein Fenster nach dem anderen wegklicke, erscheint plötzlich dasjenige von meinem Chat mit Zsa Zsa und den Bildern. Sie hat immer noch nicht auf meine Nachricht zu den Fotos reagiert.

Auf einem Bild stehen wir praktisch Arm in Arm, lachend.

Mein Körper ist leicht verdreht, so als wäre ich im Begriff, einen Blick über meine Schulter zu werfen, und mein Bauch zeichnet sich extrem unvorteilhaft in dem weißen T-Shirt ab. Ich muss abnehmen. Oder mehr Schwarz tragen. Am besten beides. Jedenfalls wirken wir glücklich, beide. Oder im schlimmsten Fall hochgradig amüsiert, was ja manchmal schon die halbe Miete ist. »Wir sehen so super aus zusammen«, schreibe ich in das kleine Textfenster. Heute ist sowieso alles egal, warum nicht auch hier etwas riskieren? Zsa Zsa ist online und hat meine Nachricht bereits gelesen. Sie tippt jetzt. »Da haben wir auch noch angemessen Haltung bewahrt.« Das ist zwar lustig, kann aber alles und nichts bedeuten. Was also antworten? Es ist faszinierend, wie viel man in wenigen Worten auszudrücken gelernt hat, seitdem die SMS uns beigebracht hat, in winzigen Snippets zu schreiben. Allerdings hat sie uns gleichzeitig gelehrt, irrwitzig viel in winzigste Formulierungen zu interpretieren. Ich bin mir sicher, dass die Generation meiner Töchter, die vom ersten Moment an mit dieser Art der Kommunikation aufgewachsen sind, mal die besten Schreiber hervorbringen wird. Aber auch das kritischste Publikum.

Da ich heute nichts mehr zu verlieren habe, antworte ich: »Wir sollten viel öfter keine Haltung bewahren. Glaube, das sieht auch gut aus.« Wabernde kleine Punkte zeigen, dass sie schon wieder antwortet. »Wenn man keine Haltung bewahrt, ist es sowieso egal, wie es von außen aussieht.«

»Unkontrollierte Offensive!«, schreibe ich, was eine Erfindung des ehemaligen Fußballtrainers Otto Rehagel ist, der mit dem Sieg der griechischen Nationalmannschaft 2004 eigentlich schon genug für mich getan hat, doch manchmal kommt Unterstützung eben aus unerwarteter Richtung. »Großartig!«, schreibt sie zurück. »Das schreit nach einem Tresen.« Wir verabreden uns um halb zehn in der Hipster-Bar, in der bärtige Jungs mit so liebevoller Hingabe Cocktails mixen, dass man denken könnte, sie würden Brei für Babykaninchen anmischen. Es ist der einzige Laden, den ich kenne, in dem immer, wenn ich dort bin, jeder Mitarbeiter anwesend ist. Wer an dem Abend keinen Dienst hat, steht am DJ-Pult und legt Musik auf oder sitzt wenigstens am Tresen und unterhält die arbeitende Schicht mit Geschichten, die er erlebt haben muss, bevor die Bar vor einem Jahr aufgemacht hat, denn seitdem sitzt er jeden Abend hier. Ich bin mir ziemlich sicher, dass sie alle ihren Müttern die Nummer des Ladens als ihren Festnetzanschluss gegeben haben, denn Mütter rufen ja gerne auf dem Festnetz an. Wie dem auch sei, ich habe ein Date, und damit etwas, worüber ich mir Gedanken machen kann, ohne an meine Texte zu denken. Falls das möglich ist. Aber die Vorfreude auf den Abend macht, dass ich plötzlich das Gefühl habe, diese Briefe könnten was sein, das jemand lesen will. Ich habe schon schlechteres Zeug geschrieben. Vielleicht geht ja auch einfach mal alles gut.

Es sind noch acht Stunden bis zu meiner Verabredung, quasi ein kompletter Arbeitstag. Ich sollte mich hinsetzen und wenigstens versuchen, etwas von dem anderen Kram zu erledigen, der in den vergangenen Tagen liegengeblieben ist. Ich müsste Rechnungen schreiben, die Steuer machen, den Teil der Arbeit, der selbst in den besten Zeiten unsexy ist. Doch mit der Last, die zumindest für den Moment weggefallen ist, ist jede Chance auf Konzentration erst mal zunichtegemacht. Das macht mir das Arbeiten so schwer seit der Explosion: Auch wenn ich nicht jede Sekunde daran denke, so selbstmitleidig bin nicht einmal ich, kann mich jeder Gedanke, jeder Anruf, jede Nachricht, jede Störung Minuten kosten, bis ich wieder in dem Flow bin, den ich brauche, um einigermaßen gut zu schreiben. Und besonders hier, in der Wohnung, in der wir lange gemeinsam gewohnt haben, kommen die Erinnerungen regelmäßig genug, um mir das Gefühl zu geben, mein Kopf würde sich vom Rest meines Daseins abtrennen und sich immer nur drehen wie ein Ball, der auf einem Finger balanciert wird. Ich beschließe, duschen zu gehen. Irgendwann muss ich wach werden.

Eine halbe Stunde später stehe ich im Supermarkt in der Gemüseabteilung und verfluche mich dafür, dass ich mir nie vorher überlege, was ich eigentlich kochen will, wenn die Mädchen nächste Woche wieder da sind. Bei allen anderen Sachen ist das egal, weil sie länger als ein paar Tage halten, aber frisches Gemüse auf Vorrat zu kaufen, ergibt wenig Sinn. Es ist sowieso kompliziert, neue Gerichte zu finden, die beiden Mädchen schmecken. Ich bin inzwischen dazu übergegangen, ihnen Gemüse in Suppenform zu verabreichen, damit Nummer zwei nicht über das Gefühl im Mund meckert. Aber ich kann genau drei Suppenrezepte auswendig, und wenn ich schlau wäre, müsste ich nicht im Supermarkt mit einer EDGE-Internetverbindung Suppenrezepte auf Chefkoch.de durchforsten. Ich muss morgen wiederkommen und nehme wenigstens ein Netz mit Zitronen mit, um im Zweifel Drinks mixen zu können. Seit Monaten muss ich jedes Mal, wenn ich Zitronen sehe, an das amerikanische Sprichwort denken, nach dem man Limonade machen soll, wenn das Leben einem Zitronen gibt. Seitdem habe ich mir fest vorgenommen, Limonade zu machen, weil ich tatsächlich das Gefühl habe, das Leben hätte mir einen ganzen Sack voll Zitronen gegeben, doch in der Realität denke ich immer erst an die Zitronen, wenn es abends spät ist und ich unbedingt etwas trinken muss, das meine Nerven beruhigt. Gleichzeitig ist es die einzige neue Supermarktgewohnheit der jüngeren Vergangenheit, und beim ersten Mal war es fast ein Gefühl von Freiheit. Ein Netz mit einem Pfund Zitronen ist aus meiner Sicht eine irre Größe, so viele Zitronen brauche ich nie, wenn ich nicht einen riesigen Mixer voller Margaritas mische, und gerade das hat mich glücklich gemacht: Ich habe etwas gekauft, nur weil ich es konnte und mich niemand jemals fragen würde, was das soll. Inzwischen ist es eine Gewohnheit, die zu nichts anderem führt, als dass ich zu viele Margaritas trinke. Aber ich muss mich ja für nichts rechtfertigen, vor wem denn? Insofern mache ich es einfach. Ein Pfund Zitronen. Weil es geht.

Im Eingang steht der Verkäufer der Obdachlosenzeitung und nickt mir zu. Ich bin mir nie sicher, ob er mich erkennt. Seit zehn Jahren gehe ich regelmäßig an ihm vorbei und kaufe eine Zeitung oder gebe ihm wenigstens Kleingeld, aber er sieht jeden Tag viele Menschen und ist zu allen freundlich. Er gehört so sehr hierher, dass ich mich manchmal erschrecke, wenn ich in den Eingangsbereich komme und er nicht hinter dem Tisch an der Ecke steht. Mir graut vor dem Tag, an dem er nicht mehr da sein wird, vor allem, weil ich nicht wissen werde, wo er stattdessen ist. Als hätte ich ein Recht darauf, dass die Welt, an die ich mich gewöhnt habe, bleibt, wie sie ist, oder mir wenigstens mitteilt, warum sie sich ändert, wenn sie es tut.

Als ich die Tüte mit den Einkäufen auf dem Trittbrett der Vespa abstelle und notdürftig sichere, fällt mir wieder ein, dass ich außerdem seit Monaten jedes Mal, wenn ich hier bin, eine mentale Notiz mache, dass ich eine Art Einkaufskorb für den Gepäckträger basteln sollte, um die Rückfahrt ein bisschen weniger wacklig zu gestalten. Vielleicht kann ich mit Veränderungen auch deshalb nicht umgehen, weil ich selbst völlig außerstande bin, irgendetwas Neues zu machen, egal, wie sinnvoll es wäre. In einer Minute werde ich den Korb vergessen haben. Meine nächste mentale Notiz ist, dass ich mich dringend wieder mal selbst überraschen sollte.

Während der Fahrt überlege ich, ob ich es rechtfertigen könnte, den Rest des Tages einfach nur auf dem Sofa zu liegen und Willy zu streicheln, wenn ich behaupten würde, ihn dabei nach Zecken abzutasten. Denn gar nichts mehr rechtfertigen zu müssen, scheint mir der Gipfel der Verwahrlosung. Es sind wieder 901 ungelesene Mails, als ich mich, zurück in der Küche, an den Rechner setze. Ich lösche die von Facebook und markiere alle Rechnungen als gelesen. Dann lösche ich die Newsletter. Noch 837. Gleich die zweite ist die, auf die ich gewartet habe. »Das funktioniert sehr gut«, schreibt der Chefredakteur, »nur wirst du nach der ersten Folge vierhundert Heiratsanträge kriegen.« Ich sitze da und starre auf die Mail. Willy springt auf meinen Schoß und verlangt, gestreichelt zu werden. »Ich suche dich gleich nach Zecken ab«, sage ich. Es ist ihm scheißegal, wie ich es nenne.

Liebe zukünftige Lieblingsfrau,
ich weiß nicht, in welcher Situation deines Lebens du
gerade steckst. Hast du eine lange Beziehung hinter
dir, wie ich? Es ist gar nicht so einfach, an sich selbst
zu gucken, welche Löcher das eigentlich gerissen hat,
oder? Manche sieht man auf den ersten Blick: Eben
stand da noch ein Sessel, und da hing ein Bild, und
eines verdammten Nachmittags findet man sich
plötzlich in einem Laden und überlegt, was für ein
Bestecktyp man eigentlich ist. Es ist furchtbar. Ich habe
zwei Töchter, die jede zweite Woche bei mir wohnen,
ich brauche sehr dringend Besteck, aber schönes Besteck
ist – was ich mir nie bewusst gemacht hatte – irrwitzig
teuer, und billiges Besteck ist irrwitzig hässlich.
Irgendwann wollte ich in diesem Laden mit dem
ganzen Besteck um mich werfen, und zwar so, dass es
in der Wand stecken bleiben würde, sogar die Löffel.

Es fühlt sich wahnsinnig ungerecht an, wenn man das Gefühl hat, man müsste sich genau in dem Moment, in dem einem das Leben entgleitet, entscheiden, wie es denn sonst sein soll. Das ist so unfair, als würde mitten über dem Atlantik der Pilot aus dem Cockpit kommen und sagen: So, dieses Flugzeug fliegt leider nicht mehr, das ist kaputt, wir brauchen eine Alternative – ich bin jedoch nur zum Fliegen hier, für alles andere bin ich nicht zuständig, denken Sie sich was aus!

Ich weiß nicht, ob du das Gefühl kennst. Es dauert ein bisschen, bis man sich klarmacht, dass man nicht jede Lücke sofort schließen muss. Dass es auch mal eine Zeit lang egal ist, welches Besteck man benutzt. Oder dass man einfach den alten Sessel aus dem Keller holen kann, den die Katzen schon so lange bearbeitet haben, dass er sich anfühlt wie ein Flokati. Und dass man ein Loch im Herz nicht auffüllen kann wie ein Schlagloch in der Straße, und deshalb lernen muss, damit zu leben, dass das Herz eine Landschaft ist, mit tiefen Tälern neben den hohen Gipfeln. Mit der Zeit erlebt man alles, jede Ebene ist endlich, nur stehen bleiben darf man nicht.

Oder bist du seit Langem Single und hast dich darin eingerichtet, und wenn du mir irgendwann begegnest, muss ich dich erst überzeugen, dass es sich lohnt, wieder Lücken zu schaffen in deiner Welt? Lücken für mich? Denn genauso, wie man die Löcher nicht sofort stopfen muss, die das Leben reißt, darf man auch nicht alles so lassen, wie es immer war, sonst bleibt man ja nur der, der man schon ist.

Ich hab den alten Sessel nie gemocht. Es tut mir fast weh, das zu sagen, weil ich ihn trotzdem vermisse, aber er war nur schön und nicht bequem. Jetzt ist es raus.

Und jetzt ist er weg. Es wird ein bisschen dauern, vielleicht mehr als ein bisschen, doch ich glaube, es gibt einen Sessel für diese Ecke im Wohnzimmer, der schön und bequem ist, und irgendwann werde ich ihn entdecken. Oder er mich. Und wahrscheinlich wird der Sessel die völlig falsche Größe haben, ich werde alles umräumen müssen, beim Reinschleppen einen Türrahmen kaputt machen und mir den Rücken verrenken und was weiß ich alles, aber dann ist er da. Und ich werde glücklich sein, wenn auch ganz anders, als ich es mir gerade vorstelle, und das ist übrigens eine verdammte Metapher.

Liebe zukünftige Lieblingsfrau, was ich sagen will, ist nur: Ich freu mich auf dich. Ich weiß, du wirst auftauchen, wenn es gerade gar nicht passt, und du wirst alles durcheinanderbringen, gerade wenn ich ein bisschen Ordnung gemacht habe, und ich werde Panik kriegen und habe nur schreckliches Besteck anzubieten. Aber dann werde ich lernen, ein Flugzeug zu fliegen, mitten über dem Atlantik.

Schnall dich schon mal an.

10

Bis heute weiß ich nicht, in welchen Klamotten ich eigentlich gut aussehe. Ich wäre gern einer von diesen Menschen, die aussehen, als würden sie einfach irgendetwas überwerfen und darin gut aussehen, aber das verhindert schon meine merkwürdig verwachsene Figur, die außerdem macht, dass an mir selbst frisch gebügelte Hemden zerknittert aussehen. Ich wäre jederzeit bereit, großen Aufwand zu betreiben, damit, als betriebe ich keinen, aber dafür müsste ich Anhaltspunkte haben, was das Ergebnis sein soll. Wenn ich in den Spiegel sehe, entdecke ich keinen Grund, warum mich jemand attraktiv finden sollte. Die Wahrheit liegt wohl irgendwo zwischen den Extremen. Ich bin weder besonders schön noch besonders hässlich, und ich könnte genauso gut zufrieden sein mit meinem leicht plumpen Körper, dem schwachen Kinn und dem vorstehenden Zahn in der unteren Zahnreihe. Ich könnte einfach leben, ohne mir Gedanken darüber zu machen. Aber ich bin wieder auf dem Markt, und der Markt ist grausam, und vor allem bin ich so lange weg, dass ich überhaupt kein Gefühl mehr dafür habe, wie man sich geben muss. Also stehe ich vor dem vollen Kleiderschrank und habe nichts anzuziehen. Ich bin wieder fünfzehn. Oder, schlimmer, ich lerne gerade, dass ich für immer fünfzehn bin und sich nie etwas ändern wird. Ich bin einfach nur ein Junge, der gleich ein Mädchen trifft und möchte, dass es ihn mag.

Ich lege diverse Kleider auf meinem neuen Bett aus, das größer ist, als mein Ehebett je war, weil ich aus Karmagründen nicht mehr in dem Bett schlafen wollte, das mir nicht allein gehörte. Und weil ich schon mal dabei war, dachte ich: Was solls? Wir hatten zehn Jahre lang nie Geld über für ein breiteres Bett, und jetzt hatte ich es erst recht nicht, aber manchmal ist der Wille unbeugsamer als die Realität. Also steht da jetzt dieses riesige Bett, und darauf ausgebreitet eine Sammlung von Kleidungsstücken, die sich so lachhaft ähnlich sind, dass ich auch blind in den Schrank hätte greifen können. Ich werde am Ende ein schwarzes T-Shirt und eine Jeans tragen. Allerdings ist Jeans nicht gleich Jeans, und ein schwarzes T-Shirt hat plötzlich einhunderttausend subtile Eigenheiten, wenn man versucht, seinen Körper so zu verhüllen, dass jemand ihn gern nackt neben sich im Bett hätte. Momentan beneide ich jeden Mann, der so ist, wie Männer angeblich sind: ignorant gegenüber solchen Details, oder schlicht selbstbewusst und glücklich mit sich. Habe ich je einen von ihnen getroffen?

Ich ziehe eine Jeans und ein schwarzes T-Shirt an – meine Version jener schwarzen Kleider, die griechische Witwen auf den Dörfern tragen. Seit der Explosion habe ich eigentlich nichts anderes mehr getragen. Damals habe ich ziemlich schnell einige Kilo abgenommen, hatte aber keine Lust, mir Klamotten zu kaufen, nur T-Shirts sind einfach.

Die Bar, in der wir uns treffen, liegt nur ein paar Minuten zu Fuß die Straße hinunter. Sie ist untypisch leer, als ich ankomme, vor allem wenn man bedenkt, dass die Hälfte der Jungs, die am Tresen sitzen, zur Crew gehören. Sie pflegen einen eigenen Stil, karierte Hemden, Westen und vereinzelt Schiebermützen. Ich nenne es in Gedanken »Roaring Hipster«. Zsa Zsa ist noch nirgends zu sehen, und erst jetzt fällt mir auf, dass ich keine Telefonnummer von ihr habe. Warum nennen wir diese Geräte immer noch Smartphones oder Mobiltelefone, wenn das Telefonieren zur unwichtigsten Funktion überhaupt geworden ist? Es kam mir anfangs komisch vor, dass so viele Jüngere ihr Gerät, wenn sie doch einmal jemanden anrufen, vor ihren Mund halten anstatt ans Ohr, doch es ist völlig verständlich: Das alte Telefon mit Hör- und Sprechmuschel haben sie nie erlebt, genau wie bald niemand mehr je durch den Sucher einer Kamera geblickt haben wird. Telefone hält man horizontal vor den Mund und Kameras mit dem Bildschirm einen halben Meter vor den Augen. Plötzlich bin ich gleichzeitig alt und für immer fünfzehn. Dabei dachte ich mal, es würde irgendwann einfacher werden.

Ich schreibe Zsa Zsa eine Nachricht über Facebook, mit der Hausnummer der Bar, weil sie keinen Namen draußen stehen haben. Drinnen eigentlich auch nicht. Genau betrachtet, ist es erstaunlich, dass überhaupt jemand weiß, wie sie heißt.

»Bin gleich da«, schreibt sie zurück, »Orientierungsschwäche. Folge jetzt Google Maps. Sagt mir, ich bin nur hundert Meter entfernt.«

Eine Minute später kommt sie herein und schlängelt sich am Tresen vorbei zu mir in den hinteren Teil des Ladens. Sie trägt ein dunkles, kurzes Kleid, ein kleines Schwarzes, und wirkt sehr viel formeller als beim letzten Mal. Ich weiß, dass sie auf einer Veranstaltung war, auch wenn ich nicht verstanden hatte, wo genau. Ich war für zehn Minuten auf einer Singleparty, weil ich gedacht hatte, das wäre ein gutes Thema für eine Kolumne. Auf den hohen Schuhen geht sie anders als in den schweren Stiefeln vom letzten Mal. Ich stehe auf, um sie zu begrüßen, wir geben uns Küsschen auf die Wange, sie setzt sich und schlägt ihre Beine übereinander, in einer einzigen, fließenden Bewegung, die ich so perfekt nur im Kino gesehen habe, unglaublich sexy und wie aus einer längst vergangenen Zeit, fast altmodisch, so als würde sie gleich eine Zigarettenspitze hervorziehen, und als sähe ich das Ganze in Schwarz-Weiß. Ihre Beine sind länger als in meiner Erinnerung. Sie sieht meinen Blick. »Die hab ich schon ganz lange«, sagt sie und klopft mit der Hand auf ihr rechtes Bein, »haben ein paar Kilometer runter, aber sie bringen mich von A nach B.« Sie grinst mich an. Bevor mir eine geistreiche Entgegnung einfällt, fragt sie: »Du hast meine Schuhe angestarrt, richtig?« Dann greift sie in ihren Ausschnitt und holt eine Packung Zigaretten heraus. Und einen Lippenstift. Als sie bemerkt, dass sie mit dem Lippenstift ihre Zigarette nicht anzünden kann, wühlt sie wieder in ihrem Dekolleté. »Sag mal«, frage ich sie, »was hast du eigentlich alles in diesem BH untergebracht?« Sie sieht mich völlig ungerührt an, während sie eine EC-Karte, ein paar zerknüllte Geldscheine, ein Smartphone und schließlich das Feuerzeug aus ihrem Ausschnitt auf den Tisch räumt. »Ist der beste Platz«, sagt sie, »und ich hab auch noch einen Busen auf jeder Seite. Pack ich jetzt nicht aus.«

»Kann ich eigentlich nicht glauben, ohne es mit eigenen Augen zu sehen«, sage ich, »mir erscheint das schon ziemlich voll.« Ich zeige auf die auf dem Tisch gestapelten Reichtümer. »Langsam, Brauner, du bist deiner Zeit gleich um mehrere Drinks voraus«, antwortet sie, wieder ohne eine Miene zu verziehen, »ich mag es, wenn ein Mann an die Zukunft denkt. Was trinkt man hier?« Ich gebe ihr die Karte, aus der die tiefe Liebe der Roaring Hipsters zu verwegenen Kombinationen erlesenen Alkohols spricht. »New York In Ashes«, sage ich, und als sie mich fragend ansieht, »ich habe keine Ahnung, was da drin ist, aber man liebt es oder hasst es.«

»Trinkst du es?«

»Ich trinke Whisky Sour.« Diesmal sieht sie mich leicht misstrauisch an. Dann knallt sie die Karte auf den Tisch. »New York In Ashes it is!«, ruft sie. »Auch wenn es wie der Lieblingsdrink von Osama bin Laden klingt.« Wir winken einem Jungen mit Vollbart und Flanellhemd zu, der verstört guckt, schüchtern zurückwinkt und sich dann auf einen Stuhl zwei Tische weiter setzt. Er ist auch nur Gast hier.

Mit der Bestellung gehen wir in die erste Runde unseres ersten offiziellen Dates. Es ist anders als beim letzten Mal, jetzt, wo wir allein durch die Tatsache, dass wir uns verabredet haben, unser Interesse am jeweils anderen zugegeben haben. Das ist es ja, was Daten so schwierig macht. Nichts ist zufällig, und dabei ist es die Magie des Zufälligen, was macht, dass man sich verliebt, zumindest mir geht es so. Ich glaube nicht, dass ich mich jemals verliebt habe in das, was eine Frau dachte, dass sie es ausstrahlt, oder in die Persönlichkeit, die sie mir zu zeigen versucht hat. Es waren immer kleine Dinge, von denen sie wahrscheinlich nicht einmal wusste.

Wir trinken schnell, während wir reden. »Möchtest du noch einen«, frage ich, und ihre Stimme sinkt eine Oktave, und sie liefert die perfekte Imitation eines alten Mannes, als sie sagt: »Ach, komm, einen nehmen wir noch!« Wir beugen uns über die Karte mit den Drinks mit Namen wie Songs von Tom Waits oder den Pogues und die beschrieben sind wie Kreationen von Sterneköchen. Ich möchte dadurch nicht in meinem Rausch behindert werden. »Ich nehme einen Whisky Sour«, sage ich. »Ein Mann mit Geschmack und Prinzipien«, deklamiert sie mit gespielter Ernsthaftigkeit, »sehr selten heutzutage!« Und absurderweise freut mich das, es hat schon lange niemand mehr etwas Positives über mich gesagt. Und das Alberne in ihrer betont gestelzten Ausdrucksweise hilft, so wie Albernheit immer hilft. Es nimmt dir die Bürde, irgendetwas sein zu müssen. Den zweiten Drink trinke ich in zwei Zügen leer. Zsa Zsa lacht. »Einen nehmen wir noch!«

Die Themen, über die wir reden, verschwimmen in unserem Wettkampf, immer schnellere Pointen und Wortspiele in die Sätze einzubauen, Sätze voller Anspielungen, von den

Nachrichten der letzten Wochen bis zu Zitaten aus den Fernsehserien unserer Kindheit, die niemand verstehen würde, der zehn Jahre vor oder nach uns geboren wurde. Sie zitiert aus Goethes *Faust*, den ich in der Schule verpasst habe, weil ich ein Jahr lang in England war, und der mich seither quält, weil ich ihn nie ganz gelesen habe, und ich zitiere Justin Bieber, dessen Liedzeile »My Mama don't like you, and she likes everyone« ich für die lustigste des Jahres halte. Zsa Zsa lacht wieder, und ich kann nicht anders als mitlachen. »Du musst besoffen bestellen«, ruft sie laut, und als ich aufstehe, hibbelt sie vor Aufregung herum. »Nein«, ruft sie, »kennst du das nicht?« Ich sehe sie verständnislos an. »Nein«, sage ich, »ist das ein Spiel?«

»Wir brauchen eine Jukebox«, ruft sie und lacht voller Vorfreude, »jetzt sofort!« Sie springt auf, und wir drängen uns durch den inzwischen vollen Laden zur Theke, bezahlen unseren Deckel und wanken durch die dunklen Straßen hinüber zu Crazy Horst. Ich bestelle zwei Bier, weil nach den Kreationen der Roaring Hipsters alles andere nur untaugliche Versuche sein würden, während Zsa Zsa an der großen, leuchtenden Kiste mithilfe der schwergängigen Knöpfe mühsam durch die CD-Sammlung blättert und ständig lacht, weil so viele Lieder sie an merkwürdige Momente ihres Lebens erinnern. Schließlich jubelt sie triumphierend. »Ha! Da ist es.«

Der Mann hinter dem Tresen dreht die Musik lauter, und es schallen zitternde Akkorde durch den Raum. Ich kenne das Lied, aber ich brauche ein bisschen, bis ich es erkenne. »*Cutting Crew!*«, schreie ich, und Zsa Zsa reißt in einer Siegesgeste die Arme nach oben. »I Just Died In Your Arms Tonight!« Obwohl ich es seit so vielen Jahren nicht mehr bewusst gehört habe, kann ich das Lied mitsingen, wenn auch nicht ganz richtig. Ich weiß nicht, warum ich alles vergessen kann, außer schlechter Popmusik. Die bleibt für immer. Als der Refrain kommt, hebt Zsa Zsa die Hand. »Jetzt«, sagt sie, voller Vorfreude, »jetzt gleich!«

»Oh, I just died in your arms tonight«, schallt es aus den Boxen, während Zsa Zsa ruft: »Du musst besoffen bestellen!« Und tatsächlich, die nächste Liedzeile, eindeutig: »Du musst besoffen bestellen«, so klar, dass ich für einen Moment sprachlos bin, bevor das Lachen aus mir herausbricht. Wir können beide nicht mehr aufhören, lachen mit dem ganzen Körper, und jedes Mal, wenn es abebbt, reicht ein kleiner Blick, um uns in den Lachanfall zurückzuwerfen. Plötzlich wird mir bewusst, dass dieses Lachen jede Distanz zwischen uns aufgelöst hat. Wir stehen eng beieinander, ich lege meine Hände an ihre Hüften, sie schiebt sich die noch fehlenden Zentimeter auf mich zu, und wir küssen uns. Erst vorsichtig, dann wilder. Unsere Zungen berühren sich, und sie hat ihre Arme um mich gelegt und zieht meinen Kopf zu sich. Hält mich. Streicht mir durch die Haare. Als wir irgendwann einen Augenblick innehalten, um Luft zu holen, stehen wir da, ein bisschen überrascht. Aber auch glücklich lächelnd. »Was singt er da eigentlich?«, frage ich.

»Was?«

»An der Stelle, bei besoffen bestellen, was singt er da wirklich?« Sie wirkt, als würde sie jetzt erst wieder im Moment ankommen. »Ach so«, sagt sie, »it must have been something you said.« Ich denke nach. »Ja«, sage ich dann, »das macht Sinn.«

Liebe zukünftige Lieblingsfrau,
wusstest du, dass es jetzt nichtdiskriminierende
Singlepartys gibt, auf die man auch gehen darf, wenn
man gar kein Single ist? Es ist, ehrlich gesagt, ein
bisschen merkwürdig, und heißt auch nicht Singleparty,

weil es ja für alle ist, und damit es trotzdem wie eine Singleparty funktioniert, kann man sich am Eingang ein »Statusarmband« geben lassen, als heterosexueller Single zum Beispiel ein gelbes. Jedenfalls hatte ich ein gelbes. Ja, ich war auf so einer Party, und ich weiß selbst nicht genau, warum. Oder doch, ich kann es noch herleiten, aber bitte denk nicht, ich würde jetzt noch glauben, dass das kluge Gedanken waren.

Es lief so: Ich habe einen Zettel gesehen, auf dem diese Party angekündigt war, und war mir sofort zu fein dafür. So bin ich manchmal, ich denke, ich habe allen möglichen Kram irgendwie nicht nötig, und dazu gehören Partnervermittlungen, Single-Veranstaltungen und Fahrradhelme. Es ist idiotisch, ich werde, wie wahrscheinlich alle anderen Menschen auch, mit den Jahren merkwürdiger und anspruchsvoller – schwerer vermittelbar. Ich will viel mehr als früher, und zugleich wird mein Angebot, na ja, spezieller. Die Idee, ich hätte irgendetwas nicht nötig, ist schon fast lustig arrogant. Ich meine, ich bin über vierzig und bringe zwei Kinder mit, ich bin keine imposante Erscheinung, nicht reich und der mächtige Herrscher von gar nichts. Für einen Moment hatte ich das Gefühl, ich hätte es nicht nötig, so platt auf die Suche zu gehen. Ich dachte, das ist doch oberflächlicher Kram, denn um all das, was man bei solchen Veranstaltungen von Menschen sieht und mitbekommt, geht es doch gar nicht. Doch im nächsten Moment kam ich mir blöd vor, einfach zu warten, dass du plötzlich auftauchst, deshalb bin ich hingegangen. Aber als ich da war, habe ich bemerkt, woran es liegt, dass ich nicht hinwollte. Und es ist nicht schön.

Um das einmal klar zu sagen: Ich glaube nicht an

das Prinzip nichtdiskriminierender Singlepartys mit Statusarmbändern. Jeder hatte ein gelbes Armband um. Jeder! Man hätte es genauso gut auch lassen können. Dann hätten wir auch nicht alle ausgesehen wie Kühe auf einem Rindermarkt, an deren Ohrmarken man irgendwas ablesen kann. Ich stand da mit einem Bier in der Hand und habe überlegt, wie man es schafft, so auszusehen, als hätte man es nicht nötig, hier zu sein. Ich kam mir vor wie dieser leicht gestörte, preiswert tätowierte Zellennachbar in Knastfilmen, der die ganze Zeit erklärt, er wäre unschuldig, obwohl jeder weiß, dass er es nicht ist. Und dann fiel mir auf, dass ich gar nicht auf die Frauen geguckt habe, sondern auf die anderen Typen. Das ist die Ironie: Während du im Leben versuchst, herauszufinden, wer du bist, damit du genau das sein kannst, was eben nur du bist, hast du gleichzeitig Angst, du wärst anders als alle anderen.

Ich weiß nicht, ob du jemals auf so einer Party warst, aber wenn, dann hoffe ich, du hattest einfach nur Spaß. Ich weiß nicht, ob du ein Mensch bist, der »neue Leute kennenlernen« unter den Dingen ankreuzen würde, die er gerne macht. Mir fällt das eher schwer. Aber ich hoffe, dir war das alles egal, und du hast getanzt und gelacht und deshalb neue Leute getroffen, weil sie nett waren und genauso gut drauf wie du. Ich stand nur daneben und war das schlechteste Angebot, das man überhaupt sein kann.

Nach einer Viertelstunde habe ich mich in einer Kneipe an den Tresen gesetzt, einen Schnaps getrunken und an dich gedacht. Wenn du da wärst mit mir, dachte ich, und wir reden könnten, und lachen, und uns voneinander erzählen, egal, worüber wir gerade reden, dann würdest du die Dinge an mir sehen, die man auf einer Viehauktion nicht erkennt. Und wir würden tanzen gehen, und bei Crazy Horst an der Jukebox knutschen; in einem Fotoautomaten Bilder machen, die man niemandem zeigen kann und genau deshalb stolz an den Kühlschrank hängt; uns bei einem DJ auf dem Hamburger Berg Informer *von Snow wünschen, weil das zwar ein völlig absurdes Lied ist, aber man einfach dazu tanzen muss; und dann morgens um halb fünf noch einen Döner essen, »mit alles mit scharf«.*

Ich will das. Und zwar mit alles mit scharf. Aber vor allem will ich das mit dir.

11

Der Morgen in einer fremden Wohnung. Ich wache um kurz nach sechs auf, wie fast jeden Tag. Die Vater-Automatik. Und wie bei allem fällt es mir schwerer, wenn ich es tun muss, weil die Kinder in die Schule müssen, als wenn ich ausschlafen könnte. An Tagen wie heute wache ich garantiert im Morgengrauen auf. Leben ist ein Rätsel, bei dem man genau all die Antworten auf Fragen weiß, die einem nicht gestellt werden.

Zsa Zsa liegt nackt neben mir im Bett und atmet durch Mund und Nase. Sie wirkt unendlich zart, so schlafend im diffusen Morgenlicht. Ich küsse ihre Schulter, aber sie schläft tief und fest. Irgendwo in dieser Wohnung wird es etwas geben, mit dem man Kaffee machen kann.

Ich wickle mich in eine der Bettdecken und schlurfe durch den Flur. Vor mir auf dem Boden liegt ein BH, und darum verteilt ein Smartphone, ein Lippenstift, ein paar zerknüllte Geldscheine, ein Autoschlüssel, zwei Kreditkarten und ein Zettel, auf dem sie während unserer Diskussion die Titel von Filmen notiert hat, die sie nicht gesehen hat, weil sie entscheidende Jahre jünger ist als ich. *Down By Law*, steht da, und dahinter in Anführungszeichen: »Definierender Film meiner Jugend«. Das muss ich gesagt haben, die Filme von Jim Jarmusch waren definierend für mich, so wie etwa die Hälfte von allem, in dem Winona Ryder mitgespielt hat. Was *Night On Earth*, den einzigen Film, auf den beides zutrifft, zu einer Art Kronjuwel macht, möge das künstlerisch berechtigt sein oder nicht. In diesem Moment dreht sich im Schloss der Wohnungstür einen Meter vor mir ein Schlüssel, und noch bevor ich reagieren kann, öffnet sich die Tür, und die Hölle bricht los.

Es sind zwei, drei, nein, vier ziemlich große Hunde, die durch die Tür kommen und auf mich zuspringen. Sie toben aufgeregt um mich herum, hüpfen vor mir auf und ab, und ich kann nicht erkennen, ob sie aggressiv sind oder hocherfreut. Sie sind nicht allein. Als die Tür ganz geöffnet ist, steht da auf der Schwelle ein Mädchen, vielleicht Anfang zwanzig, mit wild gefärbten Haaren und einem perfekten Puppengesicht. Sie sieht mich an und grinst. »Oh«, sagt sie fröhlich, »guten Morgen!« Einer der Hunde springt an mir hoch, und ich muss mich an der Bettdecke festkrallen, damit er sie mir nicht wegreißt und ich nackt vor ihr stehe. Überhaupt kann ich nicht mehr sagen, was diese Decke eigentlich bedeckt und was nicht. »Guten Morgen«, sage ich, ebenfalls grinsend. »Ich bringe die Hunde«, sagt sie, »ich muss gleich in die Schule.« Ich nicke, als würde das irgendwie Sinn machen. »Ich wollte gerade Kaffee aufsetzen«, sage ich. Jetzt nickt sie. Grinsen auf beiden Seiten.

Es ist ein unwirklich schöner Moment. Ich stehe nackt in einer fremden Wohnung vor einer fremden Frau, umgeben von einem Rudel Hunden, von dem ich immer noch nicht weiß, ob ihnen der fremde Mann im Flur nicht doch wie etwas vorkommt, das man beißen sollte. Ich weiß nicht, wann ich zuletzt in meinem Leben so verletzlich war wie in diesem Augenblick. Wenn man überhaupt irgendwann Angst hat, dann in so einem Moment. Und ich habe oft Angst. Aber jetzt, hier, in dieser Situation, fühle ich plötzlich nur noch eins: völlige Freiheit. Nackt in der Fremde habe ich endlich nichts mehr zu verlieren.

Bevor sie geht, zeigt mir das Mädchen noch die Küche. Sie ist klein und komplett mit Edelstahl verkleidet, was ich immer geliebt habe, seitdem ich mein Studium als Aushilfe in einer Restaurantküche finanziert habe. Ich finde eine Dose mit der Aufschrift »Kaffee«, so wie überhaupt alles mit Labeln beklebt ist.

Die Kaffeemaschine ist ein Modell jener Gattung, die ich schon seit fast zwanzig Jahren nicht mehr benutze: Filterkaffee mit Papierfilter, ärgerlich einfach zu bedienen, dafür brüht sie auch ebenso einfachen Kaffee. Es ist das Letzte, was man denken sollte, wenn man Kaffee kocht wie ich, doch ich fühle mich in der Zeit zurückversetzt in eine Ära, in der Tanten Kaffeeklatsch abhielten, mit Torte und den neuesten Gerüchten über die Affären der Nachbarn. Ich setze den Kaffee auf und muss dafür die Decke auf einem der hohen Barhocker ablegen. Jetzt stehe ich tatsächlich ganz nackt in einer fremden Küche, während diese unüberschaubare Zahl Hunde aufgeregt um mich herumtanzt. Wann war ich das letzte Mal irgendwo nackt, jenseits von Sex oder Badewanne? Ich bin viel zu selten nackt. Jedenfalls fühlt es sich irritierend gut an, angesichts der Tatsache, dass ich weder sagen kann, welcher Nachbar durch das Küchenfenster, das zum Innenhof geht, hier hineinsehen kann, und dass ich ganz offensichtlich nicht weiß, wer alles Schlüssel zu dieser Wohnung hat und Tiere abliefert.

Als der Kaffee so weit durchgelaufen ist, stelle ich mich mit einer Tasse und einer Zigarette ans Fenster.

Es fällt mir nicht ganz leicht, herauszufinden, was ich fühle. Dieser Moment jetzt sollte wahrscheinlich einer von denen sein, die etwas markieren. Ein Wendepunkt. Zum ersten Mal, seitdem ich getrennt bin, spüre ich Freiheit, kann machen, was ich will. Ich kann auch sein und werden, wer ich will. Und obwohl ich mir diese Freiheit nicht ausgesucht habe und sie nicht einmal wollte, fühlt sie sich jetzt und hier zum ersten

Mal gut an. Schon allein das: Ich kann schlafen, mit wem ich will. Also, wenn sie mich auch will. Die letzte Nacht, und auch die mit Nele, hat zumindest bewiesen, dass es nicht niemanden auf der Welt gibt, der mit mir schlafen will. Und klar, ich bezahle für die Freiheit mit der Tatsache, dass die Frau, von der ich mir sicher war, sie wäre diejenige, mit der ich für den Rest meines Lebens schlafen würde, mich verlassen hat. Aber dafür kann ich jetzt mit anderen so viel Sex haben, wie ich körperlich überlebe. Das muss doch was wert sein. Das muss doch …

Die Frage, die sich anschließt, kriecht nicht zum ersten Mal in mein Bewusstsein, auch wenn ich sie normalerweise verbanne. Ich war mehr als zehn Jahre nur mit einer Frau im Bett, und auch davor war ich die meiste Zeit meines Lebens in festen Beziehungen. Ich habe nicht wenig sexuelle Erfahrungen gemacht, trotzdem sind sie überschaubar. Und was auch immer ich dabei gelernt habe, war auf die Wünsche und Bedürfnisse einer einzigen Frau ausgerichtet. Ich schätze, meine jämmerliche Frage ist: Bin ich eigentlich gut im Bett?

Wenn ich ehrlich bin, habe ich nie so ganz verstanden, wann Männer gut im Bett sind. Bei Frauen fand ich es einfach: Sie sind gute Liebhaberinnen, wenn sie Spaß haben und zeigen können, was ihnen Spaß macht. Wobei Spaß ein bescheuertes Wort ist in dem Zusammenhang. Vielleicht ist es das berühmte »Sich fallen lassen können«. Und vielleicht bin ich auch zu simpel, aber am Ende ist nichts geiler als Geilheit. Für mich zumindest. Aber für die Frauen, die mit mir im Bett sind? Ich könnte mir einreden, ich hätte bemerken müssen, wenn ich total verkehrt liege, aber das kann ich gerade schwer sagen, immerhin habe ich bis zuletzt nicht bemerkt oder zumindest nicht wahrhaben wollen, dass die Liebe meines Lebens sich innerlich von mir trennt. Wenn es einen gibt, der ganz offensichtlich nichts von Frauen versteht, dann bin das ich. Kann das beim Sex anders sein?

Ich drücke die Zigarette in den Edelstahl-Aschenbecher auf dem Küchentresen und fülle einen Kaffee für Zsa Zsa in eine Tasse. Ich weiß nicht, wie sie ihn trinkt, deshalb fülle ich meine Tasse auch noch einmal auf, gebe ein bisschen Milch dazu und verlasse mich für den Moment darauf, dass sie keinen Zucker nimmt.

Sie räkelt sich im Bett, als ich komme, gerade aufgewacht. »Guten Morgen«, sagt sie, »ich glaube, dein Handy hat vibriert.« Ich halte ihr die beiden Tassen hin. »Mit Milch oder ohne«, frage ich, und sie setzt sich ruckartig auf. »Oh«, ruft sie aufgeregt, »Kaffee ans Bett?«

Sie trinkt ihn schwarz. »Da war ein Mädchen und hat eine Lawine Hunde abgegeben«, erzähle ich, während ich in meinen willkürlich auf dem Boden verteilten Klamotten nach meinem Telefon suche. »Ja«, antwortet sie und bläst über ihren Kaffee »Mary. Wir helfen uns aus.« Für einen Moment warte ich, ob ihr irgendwann auffällt, welche Szene sich zwischen Mary und mir auf dem Flur abgespielt haben muss, denn immerhin sitze ich hier nackt auf ihrer Bettkante, aber sie ist noch nicht wach genug für solche Transferleistungen. Oder es ist für sie nichts Besonderes. Als ich mein Telefon endlich finde, in der Tasche meiner zerknüllten Jeans vor dem Sofa am anderen Ende des Zimmers, ist es aus. Der Akku muss alle sein. »Mein Handy war das nicht«, sage ich, »das muss deins gewesen sein.« Zsa Zsa tastet um sich herum und findet tatsächlich ein Telefon in dem Bett. »Oh«, sagt sie, »ja!« Dann lacht sie. »Das erklärt, warum es mich geweckt hat!« Ihr Lachen ist gleichzeitig strahlend und entschuldigend, und die Lücke zwischen ihren Schneidezähnen ist das Süßeste, was ich seit Ewigkeiten an einer erwachsenen Frau gesehen habe. Sie liest etwas auf dem Bildschirm und lacht scheppernd. »Mary schreibt: Das war ja mal ein heißer Ofen in deinem Flur!« Jetzt mustert sie mich von oben bis unten. »Hattest du was an?«

»Na ja«, ich zögere kurz, »ich hatte eine Decke über, aber ...« Sie kichert dreckig. »Das nenne ich einen gelungenen Start in den Schultag!« Und auf eine merkwürdige, mir völlig neue Art bin ich geschmeichelt, dass mich eine ... »Wie alt ist Mary?«

»Zweiundzwanzig.«

... dass mich eine Zweiundzwanzigjährige »Heißer Ofen« nennt. »Wer sagt denn eigentlich heißer Ofen?«

»Frag mich nicht«, sagt Zsa Zsa resigniert, »ich glaube, niemand. Aber Mary ist eigen. Aus dem Osten. Oder was weiß ich.« Es liegt noch etwas anderes in ihrer Stimme, das ich zuerst nicht erkenne, weil es unter dem Raspeln versteckt liegt. Ich brauche ein paar Sekunden, bis ich es einordnen kann. Es ist Zärtlichkeit.

Plötzlich wird mir etwas bewusst, das ich eben noch als Randnotiz wahrgenommen hatte: Mein Akku ist leer. Das ist für sich genommen keine große Sache, ich erwarte keine Nachrichten oder Anrufe, aber es ist ungewohnt. Ich lasse meinen Akku niemals leer werden. Zu oft werde ich nervös und will kontrollieren, ob jemand angerufen hat. Vielleicht war eine meiner Töchter in einen Unfall verwickelt, oder ich habe im Lotto gewonnen, irgendwas. Jedenfalls möchte ich erreichbar sein, möchte eine Verbindung haben zu der Welt da draußen, denn woher weiß ich sonst, dass es mich tatsächlich gibt.

»Ich muss langsam los«, sage ich zu Zsa Zsa, die mit der Tasse in beiden Händen im Bett sitzt und immer noch aussieht, als wäre sie gerade vom Himmel gefallen, und dies wäre ihr erster Tag auf der Erde. Sie bläst auf ihren Kaffee und nickt. »Sehen wir uns noch mal«, fragt sie.

»Aber natürlich. Unbedingt.« Mich durchzuckt die Frage, was für ein Mensch man sein müsste, um in diesem Moment zu antworten: »Ach, nö, weißt du, das war mehr so eine einmalige Sache für mich.« Ich möchte das nicht sagen, ich frage mich nur, ob es Menschen gibt, die das könnten. Und was sie fühlen, wenn sie es tun. »Ich würde dich sehr gerne wiedersehen«, sage ich stattdessen, und es ist wahr. Allerdings ist genauso wahr, dass ich auf glühenden Kohlen sitze, weil mein Handy alle ist. Dafür schäme ich mich.

Ich suche meine Klamotten zusammen und ziehe mich notdürftig so an, dass ich bekleidet wirke. Unterhose und Socken stopfe ich in eine Jackentasche, damit es schneller geht, während ich hoffe, dass ich auf dem Weg nach Hause nicht angefahren werde und im Krankenhaus alle bemerken, was ich nicht anhabe. Dann beuge ich mich noch einmal über Zsa Zsa und küsse sie. Selbst ihre Zunge ist rau, wie die einer Katze. »Wir sprechen nachher«, sage ich, und sie nickt nur. Dann gehe ich.

Es sind nur zehn Minuten Fußweg bis zu meiner Wohnung. Noch schläft die Stadt, wenigstens hier auf Sankt Pauli. Sogar der Dreck der letzten Nacht klebt noch auf den Gehwegen. Niemand sieht mich an.

Zu Hause angekommen, hänge ich als Erstes das Telefon an den Strom und gehe dann ins Bad. Mein ungekämmtes Ich sieht mich aus dem Spiegel heraus an und sagt mir, dass ich zu alt bin für diese Art Nächte, aber ich tue es mit einem verächtlichen Zucken meiner Mundwinkel ab. Als ich ins Schlafzimmer komme und das Handy anschalte, erscheint eine Nachricht von letzter Nacht auf meinem Display. »Bin morgen in Hamburg. Lust, mich zu sehen?« Sie ist von Nele. Der Tag fängt gerade erst an, und ich habe schon eine Verabredung zu viel für den Abend. Und irgendwie gebe ich mir dafür die Schuld.

*Liebe zukünftige Lieblingsfrau,
liebst du dich?* Ich war neulich bei einem Essen, und
da war das plötzlich Thema, und der Satz, den lauter
augenscheinlich glücklich liierte Menschen den wenigen
anwesenden Singles reingerieben haben, war sinn-
gemäß: »Lieb dich selbst, und wenn du mit dir selbst
im Reinen bist und gerade niemanden suchst, dann
passiert es.« Ich will nicht sagen, dass der Satz falsch
ist, das ist mir egal. Ich glaube, man sollte versuchen,
sich selbst zu lieben, egal, ob man gerade Single ist
oder heiß verliebt oder seit 1956 verheiratet, das schadet
überhaupt nie, das ist wie Gemüse essen. Man sollte
auch Gemüse essen, wenn man gesund ist. Aber weil
ich das hier schreibe, kriegst du doch keinen Hunger
auf Gemüse, oder? Jedenfalls liebe ich mich nicht, weil
mir jemand sagt, ich sollte das tun. Wahrscheinlich
hätte ich antworten sollen: »Nö, ich hasse mich lieber
dafür, dass ich gleich die Rothaarige dahinten
abschleppe und mit ihr Sachen mache, von denen du
träumst, seit du sechzehn bist«, doch auf so was kommt
man ja nie im richtigen Moment, und wenn man es
machen würde, würde man sich hinterher dafür
tatsächlich lieben, insofern beißt sich das. Stattdessen
habe ich wahrscheinlich nur genickt und gesagt
»hmmm, hmm, ja, du hast bestimmt recht«, und mich
dann dafür gehasst, dass ich keine Energie für solche
Diskussionen hab. Die Rothaarige war übrigens
wirklich süß. Mit Sommersprossen. Ein bisschen wie
gemalt.*

   Es ist ja nicht alles falsch an meinem Leben. Im
Gegenteil, vieles ist großartig. Ich habe zwei tolle
Töchter, deren Beziehung zu mir enger ist als je
zuvor. Ich habe die besten Freunde der Welt. Ich habe

abwechselnd eine Woche wunderbares Familienleben und dann eine Woche die Freiheit, jeden Unsinn zu machen, den ich will. Und ich will. Jede Menge. Manchmal denke ich, eine Scheidung ist das Tollste, was es gibt, weil man danach alles hat, Familie und Singleleben und die Sicherheit, dass eine Scheidung für immer ist und nie kaputtgehen kann. Man muss nicht mal besonders dran arbeiten, damit eine Scheidung funktioniert, ich glaube, Scheidungstherapeuten sind wahnsinnig arm. Nein, das ist nicht immer so.

Ich glaube, was Menschen, die Singles sagen, sie sollen sich selbst lieben, nicht verstehen, ist, dass Singles nicht verzweifelt danach gieren, geliebt zu werden. Wir werden geliebt. Ich fühle mich geliebt. Ich bin vielleicht nicht der selbstbewussteste Mensch der Welt, doch ich bin auch nicht total unsicher. Ich hasse mich manchmal und empfinde mich selbst als merkwürdig oder als Außenseiter oder finde mich hässlich, und die guten Antworten fallen mir oft erst ein, wenn es zu spät ist und ich zu Hause im Bett liege. Dann kommt meine Schlagfertigkeit aus dem Schrank, wo sie sich versteckt hatte, solange die Diskussion lief. Aber wahrscheinlich bin ich schon okay. Du würdest gar keinen schlechten Fang machen mit mir. Was ich sagen will, ist: Ich brauche dich nicht. Ich wünsch mir dich nur. Du sollst keinen Mangel ausgleichen. Ich will keinen Baum in einer Wüste pflanzen, ich will in die Toskana.

Ich weiß auch, dass du mich nicht brauchst. Du bist ja die geworden, die du bist, ohne mich. Aber es wäre das Schönste auf der Welt, wenn du mich willst. Einfach so.

Also, liebst du dich? Ich hoffe, du tust es. Ständig.

Oft. Wenigstens manchmal. Und manchmal könntest du es ja auch mir überlassen. Ich kann das machen für dich, dich lieben. Ich kann das eh nicht lassen.

12

Wasser hilft gegen die Kälte, auch gegen die, die von innen kommt, deshalb lege ich mich in die Badewanne. Ich kann das zu jeder Tages- und Nachtzeit, stundenlang, wobei »ich kann das« ein bisschen ist, als würde ein Alkoholiker sagen, er könne viel trinken. Ich muss das. Ich kann gar nicht anders.

Die Wärme dringt langsam in meinen Körper, kriecht durch die Haut und die Muskeln und all das, von dem ich wünschte, es wären Muskeln, bis zu den Knochen. Vor weniger als drei Stunden hatte ich das Gefühl unbegrenzter Freiheit, aber jetzt, wenn ich hier liege und meine Gedanken sich vorsichtig sammeln, fällt mir Nikos Kazantzakis ein, der griechische Nationaldichter. Auf seinem Grabstein steht ein kurzes Zitat von ihm selbst, und ich habe immer gedacht, wenn man nur ein Motto im Leben haben könnte, sollte es genau das sein: »Ich begehre nichts. Ich fürchte nichts. Ich bin frei.« Gemessen daran, bin ich das Gegenteil von frei.

Zu behaupten, ich begehre nichts, wäre der schlechteste Witz seit »geht ein Journalist an einer Kneipe vorbei«. Ich begehre. Auf allen Ebenen. Es gibt Momente, da würde ich wahrscheinlich mit jeder Frau schlafen, die es will, nur um zu spüren, dass es überhaupt jemanden gibt, der mit mir schlafen möchte. Als die Frau ging, für die ich doch nicht die Liebe ihres Lebens war, habe ich angefangen, mich so zu verachten, dass ich mir sicher war, es würde nie wieder jemand auch nur eine Minute freiwillig mit mir verbringen wollen, und wenn, dann müsste es daran liegen, dass sie mich nicht wirklich erkennen. Nicht gewollt zu werden, macht das mit einem, man glaubt, man hätte nichts zu geben, das wertvoll genug ist, um es festhalten zu wollen. Ich weiß nicht, ob dem so war, ob sie wirklich das nicht mehr wollte, was ich geben kann, oder ob sie etwas anderes wollte, was ich nicht geben kann. Oder ob ich nur nicht erkannt habe, was sie gerade braucht. Was ich weiß, ist, dass sie gegangen ist. Und dass ich mir wünschte, es wäre anders. Und dass, da es nun einmal passiert ist, ich hoffentlich noch ein Mal im Leben fühlen kann, was ich gefühlt habe, als sie noch bei mir war. Nein, es wäre verlogen zu behaupten, ich begehre nichts, und noch verlogener wäre es zu sagen, ich würde nichts fürchten, denn ich habe Angst, dass das meine Chance im Leben war, und ich habe sie versaut.

Mein Telefon vibriert auf dem Badezimmerboden, also richte ich mich mühsam in der glitschigen Wanne auf. Ali. Meine Finger sind so nass, dass das Display meine Berührungen nicht als den Versuch deutet, das Gespräch anzunehmen. Ich fluche und greife nach einem Handtuch, doch bis ich meine Hände und den kleinen Bildschirm getrocknet habe, hat das Vibrieren aufgehört. Ich rufe zurück.

»Hase«, meldet sie sich, und ich kann an ihrer Stimme gleich hören, dass etwas nicht in Ordnung ist. Sie klingt verheult. Trotzdem ist ihre erste Frage: »Wie geht es dir?«

»Alles gut, im Rahmen meiner Möglichkeiten, aber bei dir offensichtlich nicht?«

»Ach«, sagt sie, ein bisschen trotzig, »ich …«, dann beginnt sie zu weinen. »Der Typ ist so ein Arschloch. Und ich weiß das ja. Ich ärger mich nur über mich selbst, warum ich zulasse, dass er mir was bedeutet!« Ich gebe ihr ein paar Sekunden Raum, bevor ich meine Frage stelle. »Welcher Typ?«

Die Antwort kommt ohne jede Verzögerung, wie geschleudert. »Das Arschloch, scheißegal, Wichser!«

»Saupillermannarsch ...«, biete ich an.

»...kackdreckschweinesauarschblödekuh«, vollendet sie.

»Okay«, sage ich, »was ist passiert?«

»Ach«, sie überlegt wieder, »ich bin mit der Gesamtsituation unzufrieden. Kannst du vorbeikommen?«

»Klar, bist du im Laden?«

»Nein, auf dem Sofa.«

»Okay«, antworte ich, »so schlimm also. Gib mir zehn Minuten.« Ich lege auf, klettere aus der Wanne und beginne, mich abzutrocknen. Mein Handy vibriert wieder. Ich habe eine Nachricht auf Facebook bekommen. Das muss warten.

Auf der Vespa, den kalten Fahrtwind im Gesicht, überlege ich, wer der Typ sein könnte, und warum ich noch nie von ihm gehört habe. Ali schleppt selten Typen an, ich glaube, die meisten Männer haben Angst vor ihr. Sie hat persische Wurzeln, und ihre Eltern waren in den Zeiten vor der Revolution Koryphäen, wenn es um wertvolle Teppiche ging. Sie haben mit ihnen gehandelt, und zudem ein Museum betrieben in Shiraz, in dem die alten Handwerkstraditionen gezeigt und bewahrt wurden. Ali muss in einer Art Palast groß geworden sein, bevor sie als Flüchtlingskind nach Deutschland kam und nichts mehr hatte. Inzwischen lässt sie nach uralten Methoden Teppiche mit modernem Design knüpfen und verkauft sie, mit wahnsinnigem Erfolg. Ich glaube, viele Männer haben Angst vor einer Frau, die erfolgreicher, klüger und schlagfertiger ist als sie. Außerdem ist sie wunderschön. Natürlich ist das subjektiv, und ich liebe sie, aber sie ist es wirklich. Trotzdem hätte sie mir normalerweise von einem Mann erzählt, der ihr etwas bedeutet, und das wundert mich.

Ich fahre etwas zu schwungvoll auf dem breiten Gehweg vor dem *poshen* Haus vor, in dem Ali ihre viel zu große Wohnung hat, sodass mich eine Rentnerin böse anfunkelt, da ich ihrem Dackel zu nahe gekommen bin. Ich lächle entschuldigend, während ich den Helm abnehme. Aus dem Augenwinkel sehe ich eine jüngere Frau mit braunen Haaren, die neben der Rentnerin stehen bleibt und mich ansieht. »Na super«, denke ich, »die alte Gretel kriegt Verstärkung.« Ich hasse es, mich sinnlos zu streiten. Was soll man da sagen? »Entschuldigen Sie, ich werde niemals wieder beinahe Ihren Dackel überfahren«? Wenn ich das versprechen könnte, hätte ich es eben nicht gemacht. Ich verstaue den Helm in der Sitzbank und drehe mich in Erwartung einer epischen Schlacht zu den Damen um. Aber die Alte ist nicht mehr da. Und die Jüngere grinst. Es ist Lydia. Seit der Begegnung in der Thai-Oase vor ein paar Wochen habe ich sie nie mehr gesehen.

»Hey«, sagt sie, und ich spüre, wie mein Herz schneller schlägt. Außerdem vibriert mein Telefon in meiner Hosentasche. Es ist, als würde alles vibrieren. Sie kommt auf mich zu und legt einen Arm um mich, dann küssen wir uns auf beide Wangen. »Ja«, sage ich, wegen der Überraschung wahrscheinlich mal wieder zu laut, »selber hey!« Sie sieht mich an. »Entschuldige, dass ich mich nie gemeldet habe«, sagt sie, »das war ein schöner Abend neulich.« Es erstaunt mich, dass sie das Gefühl hat, sie müsste sich entschuldigen und nicht ich, aber natürlich ist es einfacher so. Für mich. »Völlig okay«, sage ich, »ich hoffe, du bist gut nach Hause gekommen.« Das Telefon in meiner Tasche vibriert jetzt in schneller Folge mehrmals hintereinander. »Wohnst du hier?« Sie nickt und zeigt die Straße hinunter. »Hundert Meter da runter«, sagt sie. »Ich hoffe, wir wiederholen das mal?« Es klingt wie eine Frage. »Klar, das … das wäre schön«, sage ich, »den Abend meinst du?«

»Es muss nicht genau der Abend sein«, lacht sie, »wir können auch einfach mal essen gehen oder was trinken. Karaoke ist eigentlich nicht so meins.«

»Du hast mein *Sex Bomb* noch nicht gehört.«

»Okay, stimmt«, sie stockt kurz, »ich meinte eigentlich: Ich würde dich gerne mal allein treffen.« »Das ... das würde ich auch gern«, sage ich, und in Gedanken zähle ich die dritte Verabredung an einem einzigen Tag. Die Welt ist verrückt geworden. Genau wie das iPhone in meiner Tasche, das inzwischen fast durchgehend summt und rüttelt. Mir fällt wieder ein, dass Ali oben auf mich wartet. »Ich muss«, sage ich und deute mit der Hand vage in die Richtung der Eingangstür des Hauses, vor dem wir stehen, »wollen wir vielleicht Nummern ... oder so?« Sie grinst mich an. »Ich würde sehr gerne Nummern oder so!« Auf meinem Display ist eine Reihe von Benachrichtigungen von jedem sozialen Netzwerk, in dem ich mich je angemeldet habe. Was zur Hölle ist da los? »Gib mir deine Nummer«, sagt Lydia, »dann rufe ich dich an und lasse klingeln.« Ich diktiere sie ihr, und ein paar Sekunden später erscheint eine Nummer auf dem Display. »Okay«, sage ich, »wir sprechen!« Sie lächelt. »Gern bald«, sagt sie, legt ihren Arm wieder um mich und küsst mich rechts und links auf die Wange. »Machs gut!«

Ich sehe ihr noch ein paar Sekunden hinterher, bevor ich mich losreiße und bei Ali klingle. »Du hast gesagt, zehn Minuten«, ertönt es vorwurfsvoll aus der Gegensprechanlage. »In deinem ganzen Leben warst du noch nie ...«, beginne ich zu protestieren, doch schon höre ich das Summen des Türöffners. Auf der Treppe in den ersten Stock überlege ich mir kurz, ob ich schnell checken soll, woher all diese Benachrichtigungen kommen, aber vor meinem inneren Auge sehe ich immer noch Lydias schlanke Gestalt die Straße hinuntergehen. »Ich begehre nichts«, sage ich leise zu mir selbst, »my ass!«

Ali sieht sensationell aus. Sie hat aus Derangiertsein ein Fashion-Statement gemacht. Ihr Make-up ist verschmiert, ihre langen, pechschwarzen Locken stehen in alle Richtungen, und sie hat einen Fleck auf dem T-Shirt, der verdächtig nach Rotwein aussieht. Sie trägt Shorts aus einem Sweat-Stoff und lange, grobe Wollsocken. »Respekt«, sage ich, »wenn sexy Bridget Jones das war, was du wolltest – *you nailed it!*« Sie dreht sich um, bevor ich bei der Tür bin, und schlurft durch den langen Flur in Richtung Sofa. »Halt die Klappe, du perverser Grottenolm!« Sie wirft sich auf das riesige Polstermöbel und zieht eine gestreifte Wolldecke über sich. »Das meine ich übrigens nicht persönlich, aber du bist ein Mann. Sogar einer der besseren, deshalb habe ich nicht schmieriger Grottenolm gesagt.«

»So ein Glück«, sage ich, »aber du siehst aus, als könnte ich einen Drink vertragen.« Sie hat die Decke über ihren Kopf gezogen, winkt jedoch mit der Hand in Richtung des Esstisches, und da steht tatsächlich eine offene Flasche Rotwein. »Kein Bier vor vier«, sagt sie, und ich sehe auf die Uhr. Es ist halb eins. Ich schenke mir ein Glas ein und fülle ihr Glas auf, das auf dem Couchtisch steht.

Bei ihr auf dem Sofa, robbt sie heran und legt ihren Kopf in meinen Schoß; während ich mit der einen Hand trinke, streiche ich mit der anderen über ihr wildes, dickes Haar. »Okay«, beginne ich, »von vorne. Wer ist der Typ, und warum habe ich noch nie von ihm gehört?« Ali richtet sich halb auf und sieht mich wütend an. »Wieso geht es jetzt plötzlich um dich? Damit das klar ist, wir reden jetzt hier über mein... Dings. Elend. Schicksal. Leben. Such dir was aus. Aber über mich!« Ich zucke zusammen. »Das meine ich doch gar nicht, ich habe nur...«

»Und ich kann dir übrigens sagen, warum! Weil du, als ich neulich bei dir war, ungefähr 56 Mal in Folge *All Of Me* gespielt hast und von deiner verfickten Stewardess erzählt hast, die du genagelt hast!«

»Das mochte ich immer an dir«, sage ich, »diese romantische Ader.« Sie legt ihren Kopf wieder zurück in meinen Schoß, und ich streiche weiter über ihr Haar. »Nenn es doch, wie du willst«, sagt sie, »du durftest deinen arbeitslosen kleinen Pimmel in sie stecken, und bei dir kommt, wenn du kommst, offensichtlich dein ganzes Herz mit raus, du Anfänger.« Jetzt kichert sie. Es macht ihr offensichtlich einen Höllenspaß, ordinär zu sein. »Okay«, sage ich, »wir wollten ja nicht immer nur von mir reden. Was ist das für ein Typ?«

»Ach«, mit einem Mal ist sie wieder in ihrem Trauermodus, »nur ein Typ. Aber witzig. Und wir hatten echt viel Spaß. Halt beziehungsunfähig, frisch getrennt und alles das. Eigentlich genau wie du.« Sie stößt so eine Art Seufzer aus ob der Ungerechtigkeit der Welt. »Trotzdem, ich mag den. Ich weiß nicht, warum, aber er bedeutet was.« Es dauert einen Augenblick, bis ich reagiere. »Wie jetzt? Du denkst, ich bin beziehungsunfähig?« Wieder schießt sie nach oben. »Reden wir jetzt schon wieder von dir, du Model?«

»Okay, okay«, ich lege meine Hand auf ihre Schulter, und sie sinkt zurück in die Waagerechte. »Hase«, sagt sie, plötzlich ganz zärtlich, »ich hab doch gesehen, wie du deine Frau geliebt hast, auch wenn ich es nicht immer verstehen konnte. Gib dir mal noch ein bisschen Zeit.«

Es ist ein unangenehmer Gedanke, dass ich Zeit brauchen könnte, weil er gleichzeitig bedeuten würde, dass ich selbst nichts machen kann. Vielleicht glaube ich ihn deshalb nicht. Er kann nicht richtig sein. Aber wahrscheinlich ist er auch nicht ganz falsch. »Wir wollten über dich reden«, sage ich, um abzulenken, »was ist das für ein Typ?« Ali atmet laut aus. »Ach, egal«, sagt sie dann, »so ein Typ halt. Wir hatten ein paar sehr lustige Nächte. Und sehr schöne. Wir haben das Day-Bed kaputt gemacht. Erzähl von deinen Frauen!« Ich stutze. »Das Day-Bed steht auf dem Balkon«, stelle ich fest. »Ja«, antwortet

Ali nur, »stand es.« Ich zeige mit dem Finger in Richtung der Balkontür. »Und ihr habt da draußen ... so, dass das Bett, ähm, hier, zerbrochen ist? In der Kälte?« Ali grinst stolz. »Ich muss das mal googeln«, fällt ihr ein, »vielleicht hat ja ein Nachbar gefilmt. Erzähl du jetzt!« Ich will eigentlich noch etwas sagen, besinne mich jedoch, klappe meinen ausgestreckten Zeigefinger ein und konzentriere mich wieder. »Also«, sage ich, »zwei Frauen. Nein, vielleicht sogar drei. Und ich habe keine Ahnung, was ich machen soll.« Sie sieht mich mitleidig an. Selbst mit verschmiertem Make-up sind ihre riesigen braunen Augen mit den langen Wimpern immer noch die eindrucksvollsten, die ich je gesehen habe. »Amateur«, sagt sie seufzend, »du niedlicher Amateur. Ich weiß, du bist der letzte Romantiker, den es gibt, aber du bist auch echt gefärbt von diesem ganzen Hollywood-Dreck und diesem Wenn-das-Leben-dir-Zitronen-gibt-Ami-Scheiß!«

»Was hat denn das jetzt damit zu tun?« Ali verzieht den Mund, als müsste ich bescheuert sein, dass sie es mir überhaupt erklären muss. »Kein Mensch macht Limonade«, sagt sie, »Limonade kauft man. Wir hier, in der realen Welt ...« Sie macht eine bedeutungsschwangere Pause, und ich versuche durchzuhalten, bis sie weiterfährt, doch sie hält das sehr lange aus. »Na los«, platzt es endlich aus mir heraus, »sag es!«

»Ist ja gut«, antwortet sie seelenruhig, »also wir hier in der realen Welt, wenn das Leben uns Zitronen gibt ... wir jonglieren mit ihnen. So lange, bis sie alle runterfallen und Matsch sind!« Und noch bevor ich etwas antworten kann, schnappt sie plötzlich: »Warum vibriert dein Handy dauernd? Ich lieg da mit dem Kopf drauf, und am Anfang fand ich das irgendwie geil, jetzt nervts.« Ich ziehe das Telefon aus der Tasche. Lauter eingegangene Nachrichten. Ich öffne den Facebook-Messenger. Es sind mehr als hundert Nachrichtenanfragen von Menschen, die nicht mit mir »befreundet« sind. Ich scrolle durch die Liste. Mindestens zwei Drittel der Nachrichten beginnen jeweils mit dem gleichen Satz. »Lieber zukünftiger Lieblingsmann«. Die Kolumne muss online gegangen sein. »Ach, du Scheiße«, sage ich. Ali sieht mich fragend an. »Was ist los?« Sie sieht jetzt besorgt aus. »Ich hätte«, beginne ich und stocke dann, »ich hätte doch nie im Leben damit gerechnet, dass das tatsächlich jemand liest!«

Liebe zukünftige Lieblingsfrau,
mir fällt auf, dass ich nicht weiß, wie alt du bist, aber
ich nehme mal vorsichtig an, du bist nicht viel jünger
als ich, deshalb hast du es vielleicht auch schon erlebt:
Auf eine Art ist es einfacher, mit vierzig Single zu sein
als mit zwanzig. Ein paar Dinge werden entspannter.
Irgendwas hat man wohl doch gelernt, über sich und
andere, darüber, was man will und braucht, was man
auf keinen Fall erträgt und dass man nackt nicht so
unerträglich aussieht, wie man immer dachte. Vieles ist
einfacher, anderes nicht.

Es war noch ziemlich früh nach der Explosion, zu
einer Zeit, als ich nur dachte, ich wäre schon so weit,
rauszugehen und wieder vorwärts zu fühlen, da saß ich
auf der Terrasse einer Bar am Wasser einer Frau
gegenüber. Der Sommer hatte begonnen, und die Tage
waren schon lang. Die Sonne ging gerade erst unter,
obwohl wir schon beim zweiten Gin Tonic waren, und
meine Hoffnungen gingen gerade erst wieder auf. Wir
hatten schnell getrunken, wahrscheinlich waren wir ein
bisschen nervös, wir kannten uns ja nicht, und diese
merkwürdige Institution des »Datens« kann sich
anfühlen wie eine lebenslang zu wiederholende

mündliche Abiturprüfung, bei der man nicht gesagt bekommt, um welches Fach es sich gerade handelt. Aber wir lachten. Dann sagte sie mir unvermittelt einen Satz, von dem ich damals nicht verstanden habe, was er wirklich bedeutet, und er traf mich merkwürdig unvorbereitet. Sie sagte: »Ich bin nicht für One-Night-Stands zu haben, und auch nicht für etwas Nicht-Exklusives.«

Es war nicht der Inhalt, den ich nicht verstand, eindeutiger geht es ja nicht, es war der Moment. Mir kam es viel zu früh vor, fast schon aufdringlich, Regeln für Sex aufzustellen, bevor Sex überhaupt ein Thema war. Und mehr als das: Ich lebte in der Illusion, es gäbe so etwas wie allgemeine Regeln. Es gab in meinem Leben bis dahin nur Sex in Beziehungen, selbst wenn es kurze waren, und eine überschaubare Reihe von One-Night-Stands, einmal »Sex mit der Ex«, was zu einem emotionalen Desaster führte, und natürlich wusste selbst ich, dass Menschen Affären haben oder reine Sex-Beziehungen, auch wenn ich das nie erlebt hatte. Oder irgendwie offene Beziehungen, in denen jede denkbare Variation möglich ist, aber das war es für mich nie. Jedenfalls war Sex, dieses wilde, scheue, ungezähmte Wesen mit all den Unsicherheiten, die es verbreitet, immer gebunden an ein Konzept, an etwas, dem man einen Namen geben konnte, das Regeln hatte, nach denen man sich richten konnte bei dem Versuch, gemeinsam am Feuer zu tanzen, ohne dass jemand sich verbrennt.

Heute weiß ich, dass es keine Regeln gibt außer denen, die man sich selbst macht, und dass sie im Zweifel ungefähr so hilfreich sind, wie wenn man einen Vulkan kontrolliert, indem man einmal im Jahr einen

Feuerlöscher hineinwirft. Die Frau hatte einfach recht: Sie hatte ihre eigenen Regeln gefunden, und sie hat sie sofort und unmissverständlich klargemacht. Das ist schlau. Hilft jedoch, wie jede Regel, nur dann, wenn man erklären will, warum etwas nicht funktioniert hat.

Ich weiß nicht, wie es sein wird, wenn wir uns treffen. Ob mit einem Schlag alles klar ist und keine Fragen offen, weil wir zusammen ein einziger Vulkan sind und der Rest der Welt lediglich ein Ort, in dem man von jedem Punkt aus das Leuchten sieht, egal, wo man steht. Ob wir ein One-Night-Stand sind, der einfach nicht endet, bis wir uns eines Tages fragen, ob es je ein Leben ohne den anderen gegeben hat, und vor allem, warum? Oder ob wir wie alle Sterblichen unseren Weg finden müssen, während wir gehen, und jeder Plan nur so lange gültig ist, wie die Realität ihn lässt? Verbunden mit der einzigen Regel, von der ich für mich glaube, dass sie ewige Gültigkeit hat: dass der einzige Schutz die Freiheit ist, sich zu entscheiden, und jeden Morgen aufzuwachen, auf das bettwarm schläfrige Gesicht neben sich zu blicken und zu sagen: Ja, ich will.

Das ist mein Plan: Ich will. Und morgen wieder.

13

Bei der Hälfte klappe ich den Laptop zu. In Wahrheit habe ich nicht mal das ganz geschafft, denn während ich siebzig Mails und Nachrichten beantwortet habe, die als Reaktion auf die erste Kolumne in meinen verschiedenen Inboxen gelandet sind, haben noch mehr Frauen geschrieben. An ihren zukünftigen Lieblingsmann. Und auf eine mehr oder weniger unbestimmt in und zwischen den Zeilen wabernde Art meinen die meisten davon offensichtlich mich. Oder, besser, nicht tatsächlich mich, sondern einen Mann, den sie aus den Worten meiner ersten Kolumne geklont haben wie die Wissenschaftler in *Jurassic Park* Dinosaurier aus einem Tropfen seines Blutes.

Ich habe jede Nachricht beantwortet, mindestens mit so was wie: »Vielen Dank, das freut mich sehr!« Ich würde gerne noch viel mehr sagen, aber was?

Ein paar E-Mails sind zu lang und zu persönlich, um sie so schnell zu beantworten. Schon bei den kürzeren tut es mir leid. Eine Frau aus dem Allgäu beispielsweise schreibt auf zahllosen Seiten über ihr Leben, ihre Einsamkeit und ihre Träume, die sich anhören wie meine. Ich kopiere die Mail in ein Word-Dokument und sehe auf dem Zeichenzähler, dass sie mehr als zehnmal so lang ist wie mein Text. Darauf kann man nicht mit zwei Sätzen antworten. Aber was antwortet man überhaupt?

Mein Telefon vibriert, und obwohl ich seit Stunden versuche, die Mitteilungen zu ignorieren, sehe ich hin. Eine Nachricht von Zsa Zsa. »Gehirne brauchen auch mal Pause. Geh mit mir mit den Hunden raus! Ich hol dich ab.«

Zehn Minuten später hält sie mit einem winzigen schwarzen Zweisitzer vor meiner Haustür, beugt sich herüber und öffnet mir von innen die Beifahrertür. Das Auto ist voller Hunde. Auf dem Sitz, vor dem Sitz, hinter dem Sitz. »Steig ein«, ruft sie, als sie merkt, dass ich zögere. »Würde ich ja gerne«, sage ich, »aber dein Auto ist voll.«
»Einfach reinsetzen!« Sie wischt mit der Hand in der Luft herum. »Das arrangiert sich irgendwie alles.«
Ich schiebe mich vorsichtig in das niedrige Auto und habe das Gefühl, ich würde in eine stürmische See aus Fell tauchen. Schließlich sitze ich. »Kanns losgehen«, fragt eine Stimme hinter dem Hund links von mir. »Gib Schub, Rakete«, sage ich. Und Zsa Zsa gibt Gas.
Wir fahren zum Elbstrand, wo die Hunde sich jagen und im Sand wälzen. Ein Containerschiff zieht vorbei, das im fahlen Licht unnatürlich groß aussieht. Zsa Zsa setzt sich in die Sonne und zieht eine Flasche Champagner aus ihrer Tasche und zwei riesige Kelche, die aussehen, als würde der Flascheninhalt in jeden einzeln passen. »Ein Gläschen geht«, sagt sie, »kannst du die aufmachen?« Ich versuche, möglichst nichts zu verspritzen, und es gelingt mir einigermaßen. »Prost«, sagt Zsa Zsa, »auf zukünftige Lieblingsmenschen!«
»Du hast es gelesen?«
»Jeder hat es gelesen. Du bist jetzt berühmt.« Ich seufze. »Das soll jetzt nicht kokett sein«, sage ich, ich weiß aber schon vorher, dass es gar nicht anders klingen kann, »wenn ich das geahnt hätte, hätte ich mich nicht getraut. Das war eigentlich nicht dafür bestimmt, von irgendwem gelesen zu werden.« Sie

sieht mich lange an, bevor sie sagt: »Es ist wunderschön. Ich habe geweint, als ich es gelesen habe.« Dann hebt sie ihr Glas in meine Richtung. »Danke«, sage ich leise, bevor ich einen Schluck trinke. Ich versuche, so bewusst wie möglich zu genießen. Was habe ich nur getan?

Wir bleiben noch eine halbe Stunde im fahlen Licht sitzen, bis Zsa Zsa mich nach Hause fährt. Ich stelle mich unter die Dusche und versuche, mich nicht schuldig zu fühlen, dass ich gleich Nele treffe. Wir sind noch lange nicht so weit, dass wir uns irgendetwas versprochen haben, oder?

Der Sand läuft über die weiße Emaille in Richtung Abfluss und verschwindet, ohne dass dabei der Nachmittag weggespült wird. Es war schön, intensiv. Wir haben geredet und gelacht, auf das Wasser und die Schiffe geguckt, Champagner getrunken und uns geküsst. Jetzt, unter der heißen Dusche, während ich wegspüle, was mir von dem Nachmittag in den Haaren hängt, versuche ich zu verstehen, was ich fühle. Bin ich verliebt? In Gedanken gehe ich die letzten Male durch, in denen ich verliebt war. Es fehlt nichts: Dieses Gefühl, alles toll zu finden an jemandem. Sich verstanden und herausgefordert zu fühlen. Das Gefühl, nah zu sein und doch den anderen als eigenen Menschen zu akzeptieren. Ja, ich bin verliebt, oder zumindest ziemlich verknallt in diese wilde, im besten Wortsinn eigenartige Frau. Aber anders als jemals zuvor, fühlt sich das nicht nur gut an, es fühlt sich an wie Gefahr.

Willy kommt und setzt sich neben mich, während ich mir die Zähne putze, die Haare kämme, die danach sowieso wieder machen, was sie wollen, und mir minutenlang überlege, ob ich mich rasieren soll. Ich habe einen sehr merkwürdigen Bartwuchs, doch glatt rasiert sehe ich aus wie ein Kind ohne Kinn. Schließlich sage ich mir, Nele wird lieber jemanden mit einem ungleichmäßigen Bartschatten küssen als ein Kind.

Und schäme mich sofort dafür, dass ich darüber nachdenke, heute noch eine Frau zu küssen. Was ist nur los?

Das bisschen Sonnenwärme ist längst verflogen, als ich mit der Vespa losfahre, der Fahrtwind ist schneidend, mein Kopf klar. Vielleicht sollte ich einfach weiterfahren, bis ich verstehe, was alles passiert. Was ich fühle. Was ich eigentlich will. Oder bis ich endlich nichts mehr will, bis ich nur noch allein bin und nicht einsam. Aber ich habe zu viel Angst, dass das niemals passieren wird.

Nele wartet vor der Wohnung, in der wir unsere eine Nacht verbracht haben. Sie gibt mir zur Begrüßung einen Kuss auf den Mund, aber so, wie sie auch ihren besten Freund küssen könnte, ohne erotische Untertöne. Ich reiche ihr den zweiten Helm, und diesmal setzt sie sich hinter mich.

Wir fahren zu einem kleinen Restaurant am Hafen, da wir jedoch beide noch keinen Hunger haben, gehen wir zuerst ans Wasser und blicken auf die Spiegelungen der Lichter. »Gestern Abend saß meine Mitbewohnerin mit vier Freundinnen in der Küche, als ich nach Hause kam«, erzählt sie, »und rate, worüber sie geredet haben?« Ich ziehe die Schultern hoch, in der Hoffnung, es wäre nicht das, was ich vermute. »Deine Kolumne«, sagt sie, natürlich sagt sie das. »Hast du ihnen gesagt, dass du das bist auf der Vernissage?«

»Natürlich nicht. Aber was geht da ab?« Ich zucke mit den Schultern. »Ich verstehe es selber nicht.« Sie lächelt. »Hast du wenigstens schon fünfzig Heiratsanträge gekriegt?«

»Zumindest ein paar Hundert Zuschriften. Ich glaube, ein paar davon wären interessiert.«

»Und wie ist das?« Das ist die Frage, die ich mir selbst noch nicht zu stellen getraut habe. Wie ist das?

»Es ist toll«, sage ich, »einerseits. Ich meine, es ist ein Kompliment.« Nele nickt. Und amüsiert sich, weil ich mich so winde. »Wenn es irgendein anderer Text wäre, nicht ganz so persönlich, würde ich mich nur freuen.« Jetzt lacht sie. »Die meinen dich«, sagt sie, »die schreiben nicht, weil der Text gut ist, sondern weil sie dich gut finden.« Sie legt mir eine Hand auf die Wange, wie einem Kind, das man bemitleidet. »Ja«, sage ich, »nein. Also eben, ich ... das kann gar nicht sein, das ist nur ein Text. Die kennen mich nicht, also fast nicht.«

»Aber der Text ist doch wahr«, sagt sie. »Der Text ist nicht ich, also, ich bin mehr als nur das«, antworte ich.

Sie sieht mich immer noch an, verzieht spöttisch den Mund, nimmt ihre Hand von meiner Wange und dreht sich zum Gehen, in genau der kontrollierten Art, die ich als Erstes an ihr bemerkt habe, damals im Flugzeug. »Ich hab keinen Hunger«, sagt sie, »wollen wir nicht einfach irgendwo was trinken?«

Wir steigen eine alte, steinerne Treppe hinauf in Richtung der Straßen mit den vielen Lichtern. Auf dem ersten Treppenabsatz nimmt sie meine Hand, ohne etwas zu sagen, und wir spazieren wie ein Pärchen durch die Dunkelheit. Es ist ein kalter Wind aufgekommen, ich ziehe mit der freien Hand den Kragen meiner Jacke hoch, doch die Kälte kommt nicht nur von außen.

»Nele«, ich bleibe stehen und halte sie zurück, sodass sie sich zu mir drehen muss. Wenn sie überrascht ist, zeigt sie es mit keinem Wimpernzucken. »Warum sind wir hier?« Sie kommt langsam auf mich zu, bis sie sehr dicht vor mir steht. Unsere Gesichter berühren sich fast. »Ich bin mir nicht ganz sicher«, sagt sie leise, »ich wollte dich sehen. Noch mal sehen.«

»Bevor was?« Sie braucht ein bisschen, bis sie antwortet. »Ich hab dich einfach vermisst.« Sie beugt den Kopf ein winziges Stück vor. »Manchmal ist es nicht so leicht.« Ich kann sie verstehen, obwohl ich keine Ahnung habe, wovon sie spricht.

Dann reißt sie sich plötzlich los und zieht mich weiter die Straße entlang.

Sie geht schnell, ich kann ihr kaum folgen, ohne in Trab zu verfallen. Als ich aufgeschlossen habe, bleibt sie so abrupt wieder stehen, dass ich beinahe gegen sie laufe. »Weißt du«, sagt sie und klingt dabei fast wütend, »ich hab auch nicht auf dich gewartet.«

»Das habe ich gar nicht verlangt«, sage ich defensiver, als ich will, »ich habe genau genommen gar nichts verlangt. Du wolltest doch, dass wir uns treffen!«

»Und du nicht, oder was?« Das alles nimmt eine sehr merkwürdige Wendung, und ich fühle mich ungerecht behandelt. »Wow«, sage ich, »das ist schnell eskaliert!« Ich versuche zu lächeln, auf die Art, von der jeder Mann hofft, sie würde es einer Frau unmöglich machen, böse auf ihn zu sein. Doch fast nichts macht eine Frau wütender als ein Mann, der versucht, Jungenhaftigkeit als Entschuldigung vorzubringen. »Das kannst du nicht machen«, sie schreit es jetzt beinahe, »du kannst nicht auftauchen mit deinem gebrochenen Herz in den Augen und erwarten, dass man sich um dich kümmert! Ich kann das nicht und will das nicht!«

»Also bitte«, jetzt werde ich langsam sauer, »ich habe nie verlangt, dass sich jemand um mich kümmert!« In der Sekunde, in der ich laut werde, sehe ich, wie ein Ruck durch sie geht, auf einen Schlag ist sie ganz ruhig. Dann legt sie mir wieder ihre Hand auf die Wange. »Du verstehst es wirklich nicht«, sagt sie, »aber weißt du, jede Frau wünscht sich einen Mann, der sie so liebt, dass sein Herz bricht, wenn sie geht.« Sie macht eine Pause, und ich bin mir nicht sicher, ob das schon alles war, was sie sagen wollte, als sie weiterredet. »Und normalerweise erkennt man es erst, wenn es zu spät ist. Wenn man nicht mehr verliebt ist. Es ist immer in der Vergangenheit. Und jetzt kommst du und findest einen Weg, das in die Zukunft zu richten. Du kündigst ja schon an, dass du sie so lieben wirst. Du bringst deinen Schmerz schon mit. Und natürlich wollen sich alle um dich kümmern. Du machst, dass jede Frau dich retten will. Und bemerkst es nicht mal.« Ich höre, was sie sagt, will es nur nicht zu mir durchdringen lassen. »Ich schreibe nur, was ich fühle«, sage ich, »mehr nicht.«

»Es ist mir scheißegal, was du schreibst«, antwortet sie, »es geht nicht um das, was da steht. Du sagst es nicht, indem du es aufschreibst. Du sagst es mit diesem Blick in deinen Augen.« Ich spüre den kalten Wind in meinem Gesicht und die Unebenheit des Kopfsteinpflasters unter meinen Füßen. Ich höre das Rauschen des Verkehrs an der nächsten großen Kreuzung und das Gelächter einer Touristengruppe, die an uns vorbeigeht. Wahrscheinlich würde ich hören, wenn jemand auf der Straße die sprichwörtliche Stecknadel fallen ließe. Ich will nicht an mich heranlassen, was Nele sagt. Ihre Stimme wird in meinem Kopf zu einem unverständlichen Strom von Worten in einer Sprache, die ich nicht verstehe. »Du wirst irgendwann eine Frau sehr glücklich machen, aber vorher musst du mit dir selber klarkommen.« Sie nimmt mein Gesicht in beide Hände, küsst mich auf den Mund, dann wischt sie sich eine Träne aus dem Augenwinkel, lächelt mir zu, dreht sich um und geht.

Ich stehe unbeweglich an derselben Stelle und sehe ihr nach, bis sie hinter einer Häuserecke verschwindet. Wie lange ich es wohl aushalte, mich nicht zu bewegen? Ob ich einfach stehen bleiben und hier alles zu Ende gehen lassen kann, nur damit kein neuer Tag kommt, an dem alles wieder von vorne losgeht, und sich meine Unzulänglichkeit gegenüber dem Leben wieder und wieder manifestiert.

Die Kälte bringt mich irgendwann dazu, meine Zigaretten aus der Jackentasche zu nehmen und mir eine anzustecken, und im selben Moment ist der Bann gebrochen. Ich schaue aufs Telefon, wieder unzählige Nachrichten, ein Anruf von Lydia. Von ihr ist auch die letzte Nachricht. »Spontan Lust auf einen Drink?« Woher soll ich das wissen? Ich bin ein Mann über vierzig, den seine Frau nicht wollte, der zwei Kinder hat und in seinem Beruf so versagt, dass er überhaupt nur noch ein Dach über dem Kopf hat, weil die Sparkasse ihm einen Dispositionskredit gibt. Und offenbar bin ich ein Mann, der es geschafft hat, dass er Frauen das Herz bricht, ohne sie dafür erst verlassen zu müssen.

»Hey«, ich spüre eine Hand auf der Schulter, »El Greco!« Kalle Käfer steht neben mir, und sein Blick ist glasig. »Mann«, ruft er, »der begehrteste Junggeselle der Stadt! Läuft bei dir!«

»Im Rahmen meiner Möglichkeiten«, antworte ich, »und bei dir? Alles klar?« Er schwankt ein bisschen, weil ihn das Nachdenken anstrengt. »Alter«, sagt er, »ich hatte die ganze Nacht Durchfall, das war wie Pissen!«

»Mann«, sage ich, während ich das Gesicht verziehe, »musst du immer ...« Ich schüttle mich kurz: »Weißt du was? Danke! Genau das habe ich gebraucht.« Er nickt, als hätte er genau das gewollt. »Du siehst aus«, sagt er lallend, »als könnte ich noch einen Drink gebrauchen.« Jetzt nicke ich auch und zeige auf die Bar auf der anderen Seite der Kreuzung. »Einen nehm' wir noch«, sage ich, »geht auf mich.« Er nickt. »Perfekt«, sagt er, »wollte ich gerade hin. Lydia kommt auch.«

Liebe zukünftige Lieblingsfrau,
ich wollte nie wieder da raus. Dieses ganze Single-
Ding, das Daten, die Suche, die Ungewissheit. Ich
wollte das nicht. Ich weiß, dass es Menschen gibt, die
das genießen. Für sie ist es Freiheit, alle Möglichkeiten
offenzuhalten. Für mich erfüllt sich Freiheit immer erst

dann, wenn ich eine Entscheidung treffe, und das hier war nicht meine. Aber manchmal kriegt man nur das, was man braucht.

Der Hamburger Frühling war da, einen Nachmittag, und Tochter Nummer eins und ich sind mit der Vespa runtergefahren an einen Seitenarm der Elbe, haben uns auf einen Ponton gesetzt, ethisch korrekte Cola getrunken, den Booten zugesehen und über das Leben gesprochen. Das heißt, sie hat erzählt, und ich habe geraucht, während um uns herum Pärchen gelacht und gestritten haben, oder einfach nur Arm in Arm die Sonne gespürt. Seelen müssen aus Wasser gemacht sein, jedenfalls kommen sie zur Ruhe, wenn man auf sanfte Wellen schaut, so als wären sie zu Hause. Manchmal ist das Leben Pistazieneis.

Nummer eins weiß nicht, dass sie mir mehr über das Leben beigebracht hat als jeder andere Mensch. Durch sie habe ich gelernt, Vater zu sein. Es war die erste Entscheidung meines Lebens, die unumkehrbar und ewig ist, und es war die beste – wenn auch ganz anders, als ich es mir vorgestellt hatte. Die wichtigsten Beziehungen in deinem Leben hast du nicht wegen dem, was du bekommst, sondern wegen dem, was du wirst, weil du geben musst.

Nummer eins ist gerade in der Pubertät angekommen, und die Hormone prügeln sich um die Herrschaft in der Bananenrepublik, die ein jugendliches Gehirn eben ist. Zugleich ist sie innerlich und äußerlich der schönste Mensch, den man sich vorstellen kann. Manchmal erwische ich mich dabei, wie ich sie anstarre und nicht fassen kann, dass es sie wirklich gibt. Auf der Rückfahrt drückte sie sich an meinen Rücken. Die langsam tief stehende Sonne tauchte den Hafen in das

Fernwehlicht, in dem selbst Containerschiffe leuchten wie eine Einladung in ein besseres Leben, und ich hätte weiterfahren können, bis der Tank leer wäre.

Du weißt nie, wann du eine dieser Erinnerungen schaffst, an die dein Kind noch in dreißig Jahren in bestimmten Momenten denken muss, aber wenn deine Tochter sich an deinen Rücken lehnt, während ihr knatternd eine steile Stichstraße hinauffahrt, dann weißt du, dass deine Aufgabe eben auch ist, ihnen vorzuleben, dass man glücklich sein darf. Dass auch auf die dunkelste Nacht ein Morgen folgt und selbst in Hamburg irgendwann der Frühling kommt. Und dass Sorgen nicht dadurch vergehen, dass man sie sich macht, sondern dadurch, dass man rausgeht und Pistazieneis isst.

Irgendwann in dem ersten verbogenen Drecksjahr nach der Explosion hat Nummer eins mich über den Abendbrottisch hinweg angesehen und gesagt: »Papa, du kannst dir mal eine Freundin suchen. Das ist okay für mich.« Und natürlich war das keine Erlaubnis. Es war eine Aufforderung, mit der Betonung auf Forderung. Endlich aufzustehen, die Bleischuhe auszuziehen und ihr zu geben, was sie verdient: einen lachenden Vater.

Ich höre manchmal von Paaren, die übereinander sagen, der andere wäre ihr bester Freund. Mir kommt das falsch vor: Ich bin gesegnet mit Freunden. Manche von ihnen kann ich monatelang nicht sprechen, und es adelt für mich unsere Freundschaft, dass wir beim nächsten Treffen den Ball einfach da aufnehmen können, wo wir ihn beim letzten Mal fallen gelassen haben. Liebe ist anders. Sie bedeutet, dass man spricht, mit jeder Faser. Dass man auch dann da ist, wenn es gerade keinen Anlass gibt, und das Glück annimmt, geben zu dürfen, gerade weil es manchmal schwer ist. Und um sein Bestes zu geben, muss man sein Bestes sein.

Ich weiß nicht, was es bei dir ist, was du brauchst. Doch ich weiß, was das Schönste ist, das du für mich tun kannst: Es mir zu zeigen.

Damit ich es dir geben kann.

14

Die Kolumne erscheint von nun an jeden Mittwochmittag, und in der zweiten Woche wächst die Zahl der Zuschriften. Ich bin mir nicht sicher, was genau als Heiratsantrag durchgeht, aber der Chefredakteur hat mit seiner Schätzung von vierhundert Anträgen auf keinen Fall zu hoch gelegen. Es sind witzige, warme und auf vielerlei Arten herzzerreißende Mails, Briefe und Nachrichten dabei.

Auch wenn ich versuche, möglichst alle zu beantworten – was schon in der ersten Woche scheitert –, gebe ich mir alle Mühe, sie gleich wieder auszublenden. Die Kolumne richtet sich an eine Person, und obwohl ich ursprünglich zu unbedarft war, zu erkennen, dass sie ein größeres Publikum erreichen könnte, ist mir klar, dass ihre offensichtliche Kraft genau darin liegt, dass ich mir beim Schreiben wirklich keine Gedanken darüber gemacht habe, dass sie irgendjemand lesen würde, zumindest niemand über die eine Frau hinaus, für die sie bestimmt ist. Anders hätte ich wahrscheinlich nie so ehrlich schreiben können, wie es nun mal nötig ist, damit die Kolumne wirklich jemanden berührt. Und offenbar tut sie das. Aber wie hält man das aufrecht, wenn man weiß, dass Tausende Menschen lesen, was man schreibt?

Ich habe immer noch jedes Mal Angst, wenn ich einen Text abschicke. Wirklich zu schreiben, ist wie wirklich zu leben, immer mit dem Risiko verbunden, zu fallen, und alles, was schiefgehen kann, geht irgendwann schief. Jetzt, wo ich vor dem Rechner sitze und mir Gedanken mache über die nächste Kolumne, von der ich plötzlich weiß, dass sie gelesen werden wird, frage ich mich, ob es mutig oder dämlich war, vor der Welt meine Sehnsucht auszubreiten, meine Verzweiflung, meine Einsamkeit und diese nagende Unsicherheit, ob ich jemals wieder das Glück spüren werde, das mich erfüllt hat, als ich noch dachte, ich hätte die Frau meines Lebens gefunden und dürfte sie für immer lieben. Aber in Wahrheit ist längst egal, ob ich das heute alles wieder so schreiben würde, ich muss jetzt so weitermachen. Kriege ich das hin?

Das ist der eine Gedanke, die eine Angst, die ich habe. Die zweite ist nur wenig unkomplizierter: Es schmeichelt unglaublich, solche Briefe zu bekommen. Es ist ein ganz kleines bisschen unheimlich, aber vor allem ist es schön. Noch ist kein Jahr vergangen, seitdem ich die größtmögliche Zurückweisung erfahren habe. Die Frau, für die ich alles getan hätte, will mich nicht mehr. Nicht, dass ich nicht alles versucht hätte, oder weil zwischen uns etwas eingeschlafen oder passiert war, das auf Gegenseitigkeit beruht. Auch nicht, weil ich irgendetwas fundamental falsch gemacht oder sie betrogen hätte. Nein, einfach nur, weil sie sich von mir entliebt hat. Ich war für sie nicht mehr, was sie für mich immer gewesen ist. Ganz einfach. Und gleichzeitig unvorstellbar schwer.

Jetzt plötzlich erlebe ich, dass ich so etwas bin wie ein begehrter Mann. Das war ich nie. Ich hatte zwar nie Probleme, Frauen kennenzulernen, und vielleicht habe ich es auch einfach nie wahrgenommen, ob mich eine Frau irgendwie attraktiv findet, weil ich die meiste Zeit meines erwachsenen Lebens in drei langen Beziehungen verbracht habe und immer nur kurz überhaupt Single war. Wie auch immer man es betrachtet, es hat mich jedenfalls nichts darauf vorbereitet, Hunderte

Briefe von Frauen zu bekommen, von denen einige mehr oder weniger offen schreiben, dass sie mich gerne treffen würden. Ein wahr gewordener Teenagertraum, so als wäre ich der Ryan Gosling des Gymnasiums. Aber für einen leicht verunsicherten Autor ist es eine Aufgabe: Wie halte ich mich davon ab, Dinge zu schreiben, nur weil ich glaube, das wäre, was diese Frauen gerne lesen würden? Oder Dinge nicht zu schreiben, weil ich fürchte, man könnte denken, es wäre ein Trick, um Frauen für mich einzunehmen? Ich habe mein Leben lang mit Pathos geschrieben. So bin ich. Aber falls jemals eine Frau ein bisschen in das verknallt war, was ich geschrieben habe, bekam ich das nie direkt mit. Wie geht man damit um?

Mir fällt nur eine einzige Antwort ein: Ausblenden. Weiterschreiben, als würden diese Kolumnen gar nicht veröffentlicht, genau so, wie ich es angefangen habe. Nie darauf eingehen, dass es Reaktionen gibt auf diese Briefe an meine zukünftige Lieblingsfrau, dass sie sogar auf ihre Art die Suche nach dieser Frau verändern. Dass sie möglicherweise mich verändern.

Neulich in der Bar mit Lydia und Kalle hat mich eine fremde Frau angesprochen, die mich von dem Foto erkannt hat, das über der Kolumne steht. Sie war zauberhaft und hat in mir das Bewusstsein geweckt, dass ich von nun an erkannt werden könnte. Ein merkwürdiges Gefühl. Zum Glück ist mir das nicht passiert, als ich siebzehn war, sondern erst jetzt. Damals wäre ich wahrscheinlich durchgedreht. Heute verunsichert es mich nur.

Es war ein etwas seltsamer Abend mit Lydia und dem aberwitzig betrunkenen Kalle Käfer. Er ließ sich nicht abschütteln, ein bisschen froh war ich darum. Er hat jede Romantik unmöglich gemacht, und ich laufe gerade Gefahr, in jeder Frau, die mich nur ansieht, meine Rettung zu erhoffen. Und ein paar von Lydias Blicken an diesem Abend fühlten sich an wie heimlich knutschen. Für mich jedenfalls. Aber ich weiß ja, wie Hoffnung ist: Du denkst, du spürst das Meer, dabei ist es nur Regen, der dir ins Gesicht klatscht. Wenn sich etwas auflöst, von dem du dir sicher warst, es würde ewig halten, dann ist plötzlich gar nichts mehr sicher.

Wir haben uns spät in der Nacht voneinander verabschiedet, als wir alle längst in Schlangenlinien gedacht haben, aber wir waren noch klar genug, alles Weitere auf einen anderen Tag zu verschieben. Und jetzt sitze ich hier und soll an eine Frau schreiben, während drei Frauen in meinem Kopf herumschwirren, andere mir geschrieben haben, und weitere erst lesen werden, was ich schreibe. Meine Suche nach einer einzigen Frau hat sich gewandelt, ich kommuniziere mit einer unüberschaubaren Menge von Frauen, nur mit einer nicht.

»Alter«, hat Kalle Käfer gefragt, »hast du diese ganzen Facebook-Kommentare gelesen unter deiner letzten Kolumne?« Ich hatte versucht, es nicht zu tun, aber natürlich habe ich. »Interessante Psychogramme von dir«, hat er gerufen und an seinen Fingern einzelne Punkte aufgezählt, »Bindungsangst, beziehungsunfähig, Weichei!« Ich habe genickt. In meiner Wahrnehmung war der überwiegende Teil der Kommentare positiv, doch was er aufgezählt hat, stand tatsächlich auch da, und in meiner Wahrnehmung war meine Frau an dem Tag, als sie es nicht mehr war, auch noch verliebt in mich, als ich morgens aufgestanden bin. Wahrscheinlich sollte ich mich nicht zu sehr auf meine Wahrnehmung verlassen.

Nach und nach erinnere ich mich an immer mehr Details jenes Abends, an kleine Bilder, die Blicke, das Lachen von Lydia und an ihren Geruch. Es klopft an der Wohnungstür, aber so leise, dass ich mir nicht sicher bin, es wirklich gehört zu haben. Ich gehe langsam, um mir nicht die Blöße zu geben, auf ein Phantomgeräusch hin zur Tür gestürzt zu sein. Willy sitzt auf der Fußmatte, und Herr Baris ist inzwischen einen Treppenabsatz höher. »Lieber Herr Nachbar«, ruft er zu mir herunter, »geht es dir gut?«

»Alles gut«, rufe ich zurück, »und bei dir?« Er bleibt stehen und atmet durch. Die Treppen machen ihm ein bisschen zu schaffen. Aber er grinst und breitet die Arme aus. »Guck mich an«, sagt er, »ich bin ein König!« Ich muss lachen. »Ja«, rufe ich, »bist du!« Jetzt lacht er auch, sein gluckerndes, tiefes Ganzkörperlachen. »Du auch, mein Freund«, ruft er, hocherfreut, dass er die Botschaft überbringen darf, »du bist auch ein König! Du bist frei!«

Ich schaue hinab auf Willys schiefes Grinsen. Er rührt sich nicht, deshalb beuge ich mich hinunter und nehme ihn auf den Arm. »Na, Willmeister«, sage ich in sein Ohr, »hast du das gehört, wir sind Könige.« Er strampelt ein bisschen, um sich zu befreien, und ich setze ihn hinter der Türschwelle ab, damit er in die Wohnung läuft. »Schöner König«, sage ich dabei zu mir selbst, »ich bin der König von nichts.«

Ich winke Herrn Baris zu, der sich mit einer Hand am Geländer weiter die Treppe hinaufzieht, und schließe die Tür zum Treppenhaus. Genauso, als wäre ich gerade nach Hause gekommen, wie so viele Tausend Male in den letzten zehn Jahren. Der Flur ist dunkel, das ist der Nachteil von Erdgeschosswohnungen, sodass eigentlich immer die Lampe auf dem kleinen Sideboard brennt. Sie stammen beide noch aus einer anderen Ära, beide wurden ausgesucht von der Frau, die zehn Jahre hier geleuchtet hat. Ich habe nur sehr langsam angefangen, Dinge zu verändern, habe ein paar neue Bilder gekauft und einige wenige Möbel, weil man irgendwo sitzen muss. Ich habe das Klavier aus dem Wohnzimmer an die Stelle geschoben, wo der Flur unsinnig breit wird, und das kleine rote Sofa meiner Großmutter vom Schlafzimmer ins Wohnzimmer, mehr nicht. Im Kern sieht es immer noch so aus wie das Nest, das die Mutter meiner Kinder ihnen gebaut hat. Ein Nest, das jetzt leer ist. Aber es muss ja irgendwie weitergehen.

»Du kannst nicht herumlaufen wie eine offene Wunde«, hatte Jake Gyllenhaal gesagt, und herumlaufen muss ich schließlich. Ich kann nicht für immer hier in dieser Wohnung bleiben und nur aufstehen, wenn meine Töchter da sind, und aufhören zu leben, bis ich gefunden und gerettet werde, denn so läuft es nie. Aber was sonst?

Die einsame Lampe brennt im Flur, auf dem kleinen Sideboard, das die eine ausgesucht hat, neben dem Spiegel, den sie auch ausgesucht hat und an dem immer noch die Karte hängt, die sie von irgendwo mitgebracht hat und auf der steht: »*I got more style by accident than most bitches got on purpose.*« Ich lehne an der Wand gegenüber und rutsche langsam nach unten, bis ich auf dem Boden sitze, zusammengekauert, den Kopf zwischen den Knien, und merke erst, dass ich weine, als ich die Nässe an meinen Armen spüre. Es ist lange her, dass ich geweint habe. So viel hat sich seitdem geändert: Ich habe diesen Haushalt einigermaßen in den Griff bekommen und bin wahrscheinlich jetzt erst der Vater geworden, den meine Töchter verdienen. Ich habe zumindest wieder begonnen zu schreiben, und ich habe Hunderte Briefe und Mails bekommen, die mir sagen, dass es gut ist. Ich habe tolle Frauen getroffen und Sex gehabt und getanzt und gelacht, ich bin begehrter als je zuvor in meinem Leben und mit Sicherheit auch, als ich jemals wieder sein werde. Und ich bin ein König, wenn ich Herrn Baris glauben kann, ein König, solange ich nicht den Fehler begehe zu versuchen, alles wieder genauso zu machen wie vorher. Das hier sollte ein Höhepunkt in meinem Leben sein, die beste aller Zeiten, aber anstatt zu feiern und zu tanzen, zu lachen und den schönsten Sex meines Lebens zu haben, sitze ich zusammengekauert vor dem Spiegel der einzigen Frau, von der ich sicher sagen kann, dass sie mich nicht will, und sehe nichts, was so ist, wie ich es mir wünsche. Ich habe gekämpft in diesem vergangenen Jahr seit der Explosion, und ich habe gearbeitet, an mir und mit mir und um mich, und jetzt sitze ich da, als wäre das alles nichts. Ich würde jeden Fortschritt, jede Entwicklung und jeden Erfolg aufgeben, wenn sie einfach plötzlich da wäre und sagen würde: »Ich habe mich getäuscht. Es ist nicht vorbei. Ich bin wieder da.« Alles. In dieser Sekunde. Das ist, was ich will.

Als mir das klar wird, weiß ich plötzlich, was ich zu tun habe. Ich blicke in das verheulte Gesicht im Spiegel und sage zu ihm: »Du kannst nicht herumlaufen wie eine offene Wunde. Du wirst durchkommen. Du wirst dich durchwurschteln. Du bist der König des Durchwurschtelns.« Mit einem Ruck drücke ich mich rückwärts an der Wand hoch und stehe genau so auf, wie ich vorher zu Boden gesunken bin, nur eben andersherum, als würde ich den Film rückwärtslaufen lassen. Ich gehe in die Küche. Willy sitzt neben seiner Futterschale, aber ich beachte ihn nicht, sondern nehme mir die drei Zitronen aus der Schale auf dem Tisch und beginne zu jonglieren. Das habe ich seit dreißig Jahren nicht mehr gemacht, und es sieht ganz sicher fürchterlich aus, ungelenk und stockend, aber schließlich schaffe ich es, dass immer wieder alle drei gelben Punkte gleichzeitig in der Luft sind und fliegen.

Liebe zukünftige Lieblingsfrau,
irgendwann werde ich dich fragen, warum du dich
eigentlich in mich verliebt hast. Das ist mein Plan:
Dich zu fragen, wenn es längst passiert ist – denn es
ist die beste Möglichkeit, mich davon abzuhalten,
vorher schon darüber nachzudenken, warum du es
überhaupt tun solltest. Das ist eine dieser Fragen, die

man vermeiden sollte, wenn man nicht tagelang in einer abgedunkelten Wohnung mit Essen von einem chinesischen Lieferservice und einem Album von Leslie Feist verbringen will. Das war mein Sommer 2004, lange her, aber Feist hat gerade ein neues Album herausgebracht, und ich will es nicht hören, um nicht in Gefahr zu geraten. Ich kann die Sonne nicht erzwingen, aber ich muss mich auch nicht freiwillig in den Regen stellen.

Kater Willy sitzt auf meinem Schoß, während ich das schreibe. Wohl kaum ein gutes Zeichen. Ich hatte mal ein paar Tage einen Freund zu Besuch, dem es nicht gutging, und wenn er sich irgendwann im Morgengrauen doch mal hingelegt hat, ist Willy zu ihm aufs Sofa gekrochen und hat sich an seine Brust gekuschelt. »Katzen spüren, wenn es dir schlechtgeht«, hat er gesagt, »deshalb werden die auch bei Sterbenden eingesetzt.« Vielleicht auch bei sterbendem Selbstbewusstsein?

Es ist ein Musterbeispiel für verkorkste Sprache, dass wir es Selbstbewusstsein nennen, wenn wir uns unserer selbst am wenigsten bewusst sind. Denn wenn wir es tatsächlich sind, wenn uns wirklich unser Selbst bewusst ist, konzentrieren wir uns dann nicht vor allem auf unsere Schwachstellen? Wir sind alle unsere ärgsten Feinde. Im schlimmsten Fall verbrauchen wir die Hälfte der Energie bei dem Versuch, jemand Neues kennenzulernen, damit, unsere beste Seite zu zeigen, und nur unsere beste Seite – in der Hoffnung, der andere würde uns am Ende so lieben, wie wir wirklich sind. Ich sehe das doch an mir: Wirklich selbstbewusst bin ich nur, wenn ich mich vergesse. Wenn mich etwas so fasziniert, dass mir egal ist, was irgendjemand anderes darüber denkt. Und ich hoffe, nein, ich glaube, nein, ich weiß, dass es so sein wird bei dir: Ich werde mich nicht verstellen können, weil ich viel zu sehr damit beschäftigt sein werde, fasziniert von dir zu sein. Aber was findest du an mir?

Und da ist er wieder, der Gedanke.

Ich muss dir was gestehen: Ich habe es gekauft, das neue Album von Feist, sogar auf Vinyl, und ich kaufe wirklich selten Platten. Spotify hat mir irgendwann die Musik zurückgegeben, sie wieder zu einem wertvollen Teil meines Lebens gemacht, nach langen Jahren, in denen sowieso immer von irgendwo Conny, Conny, mit der Schleife im Haar *durch die Wohnung dröhnte, bis die Mutter meiner Kinder und ich uns einen kompletten Plot für die Folge* Conny stirbt *ausgedacht und uns in blutigen Details erzählt haben, um es erträglicher zu machen. Vinyl ist nur meine Art festzuhalten, dass nicht alle Lieder gleich wertvoll sind. Manche will ich berühren können, weil sie es auch mit mir tun.*

Ich werde jetzt an der Küchentür noch eine Zigarette rauchen, und falls Willy nicht in die Nacht verschwindet, werde ich mit ihm ins Wohnzimmer gehen, die Platte auflegen und sie mir endlich anhören. Ich muss mich nicht in den Regen stellen, aber ich kann auch nicht für immer das Wetter entscheiden lassen, wann ich rausgehe.

Beim letzten Mal, vor dreizehn Jahren, war der Liebeskummer irgendwann vorbei, und kein Jahr später habe ich die Frau getroffen, von der ich dachte, sie wäre die Liebe meines Lebens. Ich habe das immer geglaubt, jede Sekunde, auch noch lange nachdem klar war, dass ich nicht ihre war, und der Schmerz größer als alles, was ich je gedacht hätte, ertragen zu können. Aber das Wetter ändert sich.

Ich weiß nicht, was du an mir finden wirst, zukünftige Lieblingsfrau, ob ich dann durchnässt sein werde vom Novemberregen oder verbrannt im Nacken von der Sonne über der Ägäis im August. Aber ich weiß, dass mir das Wetter egal ist. Dass ich gefunden werden will.

Du findest mich unter Willy. Er macht Platz, wenn du kommst.

15

Zsa Zsa hat gekocht. Schon im Hausflur riecht es großartig, und ich hoffe, es sei ihre Wohnung, aus der dieser Duft kommt, aber ich habe, ehrlich gesagt, nicht damit gerechnet. Kochen ist keine Fertigkeit, die ich mit ihr in Verbindung bringen würde. Es ist, genau genommen, nicht einmal eine Tätigkeit, bei der ich sie mir vorstellen kann. Aber hier steht sie, in ihrer Edelstahlküche, mit einer Schürze über einem kurzen Rock, einem Grateful-Dead-T-Shirt und Slippern mit Leopardenmuster an den Füßen. »Das riecht fantastisch«, sage ich zu ihr, und wahrscheinlich hört man das Erstaunen in meiner Stimme, denn sie antwortet: »Ich kann gut kochen.« Dabei schenkt sie mir Champagner ein, hält mir das Glas hin und erhebt mit der anderen Hand ihr eigenes. »*Cheers*«, sagt sie nur. Wir stoßen an.

Nach dem ersten Schluck setze ich mich auf einen der hohen Barhocker an dem Tischchen gegenüber dem Herd. Sie dreht sich zum Topf mit dem Lammcurry und rührt darin herum. »Wir müssen reden«, sage ich zu ihrem Rücken. Ich muss meinen ganzen Mut zusammennehmen, denn ich bin in dieser Art Gespräch denkbar schlecht, habe jedoch beschlossen, dass wenn ich mich schon durchwurschtele, ein paar Leute dies auch wissen müssen. Zsa Zsa und ich haben nie definiert, was für eine Art von Beziehung wir führen, aber wir haben miteinander geschlafen, wir haben gefeiert, und jetzt bin ich hier bei ihr zum Essen. Und obwohl ich nie das Gefühl hatte, für sie mehr zu sein als jemand, mit dem man Spaß haben kann, möchte ich, dass sie es weiß.

Sie fährt herum. »Du schießt mich ab«, sagt sie.

»Nein, also nicht ... nicht so, ich meine, ich glaube eher, du schießt mich gleich ab.« Es läuft komplett anders, als ich erwartet hätte. »Was ich sagen will, ist: Ich habe jemanden getroffen, und ich habe keine Ahnung, wie du das hier«, ich wedle mit der Hand zwischen ihr und mir hin und her, »wie du das siehst, ...«

»Ich bin total verliebt in dich!« Sie sagt es schnell und ohne zu zögern, und es trifft mich völlig unvorbereitet.

Das zu hören, hätte ich nie erwartet. Anstatt noch etwas zu sagen, verschwindet Zsa Zsa aus der Küche und kommt kurz darauf mit mehreren Seiten Papier zurück. Sie sind eng beschrieben. Beidseitig. Von Hand. »Das hab ich letzte Nacht geschrieben«, sagt sie, »ich mache das manchmal. Ich wollte es dir nicht zeigen, eigentlich schreibe ich nur für mich. Aber wenn du mich fragst: Das ist, was ich fühle.« Sie drückt mir die Blätter in die Hand. Ich starre auf die Schrift. Es ist eine Mischung aus einem Tagebucheintrag und einem Brief an mich, und schon die ersten Zeilen lassen wenig Fragen offen. »Ich liege neben dir und bin so glücklich, dass ich es echt kaum fassen kann.« Ich blicke von dem Blatt hoch in ihre Augen, und sie steht einfach da und blickt zurück. »Das wusste ich nicht«, sage ich. »Jetzt weißt du's«, antwortet sie trocken. Und ich vergesse, was ich sagen wollte.

Es ist lange her, dass jemand so etwas zu mir gesagt hat, ich kann mich nicht mal mehr daran erinnern. Und in all dieser Zeit, in der ich mich danach gesehnt habe, bin ich nie davon ausgegangen, es zu hören, bevor ich es sage. Ist es typisch männlich, immer noch von Liebe als Eroberung zu träumen?

Vor allem ist es die Antwort auf die eine große Frage eines Verlassenen: Kann sich jemals wieder jemand in mich verlieben, wo doch der Mensch, der mir am nächsten war und mich am besten kannte, beschlossen hat, dass ich es nicht wert bin?

Jetzt steht sie hier, vor mir, und kommt ohne irgendeine Vorwarnung aus der Deckung. »Ich bin wahnsinnig verliebt in dich. Jetzt weißt du's.« Ich kann meine Gefühle nicht sortieren. Überraschung. Freude. Eine tiefe Dankbarkeit, nicht nur für das, was sie sagt, sondern dafür, dass sie es überhaupt sagt. Für ihren Mut, jede Deckung aufzugeben. Ein Bild erscheint vor meinem inneren Auge, von der mutigsten Frau, die ich je getroffen habe: meine Mutter, wie sie morgens mit einem Mantel über dem Nachthemd, einer Zigarette im Mund, einer Tasse Kaffee in der einen Hand und einem Regenschirm in der anderen den Hund ausführt, völlig ungerührt von den Nachbarn, die in dem sehr bürgerlichen Hamburger Vorort, in dem wir aufgewachsen sind, entsetzt hinter den Gardinen rausstarren. Eine Frau, die einfach macht, was sie will, nicht weil sie weniger Ängste hat als alle anderen, sondern weil sie sich weigert, ihnen die Macht über ihre Entscheidungen zu geben. Jetzt begegne ich ihr wieder, dieser Entschlossenheit. Sie steht vor mir. In Leopardenslippern und einem kurzen Rock.

»Okay«, sage ich, um Zeit zu gewinnen und die Flut an Informationen in den Teil meines Gehirns einsickern zu lassen, der in der Lage ist, eine Antwort darauf zu formulieren. »Das ist … das kommt jetzt doch überraschend für mich.« Sie sieht mich weiterhin direkt an. »Ich möchte nicht«, beginnt sie, »dass die Tatsache, dass wir so viel feiern und tanzen und Spaß haben … ich möchte nicht, dass daraus ein Zweifel an meiner Ernsthaftigkeit abgeleitet wird.« Sie zeigt nach unten, auf die Schuhe mit dem Raubtiermuster. »Und fürs

Protokoll: Die trage ich ironisch.« Sie sagt das so ernst, dass ich lachen muss. Es ist eine Befreiung, und mir wird erst einen Moment später klar, dass sie mir kurzerhand eine Brücke gebaut hat, damit ich nicht auf die große Enthüllung antworten muss, die sie gerade gemacht hat. »Komm«, sagt sie, »lass uns essen.«

Das Curry schmeckt so gut, wie es riecht, und vermittelt dabei die schläfrige Sicherheit einer guten Mahlzeit, während alles noch Unausgesprochene über dem Esstisch schwebt wie ein tropfend schmelzender Zapfen aus Eis. Es ist das Vorrecht der frisch Verliebten, die Aufregung zu genießen, die Spannung, jede Entdeckung. Das Privileg der glücklichen Beziehung ist, sich gemeinsam wohl und sicher zu fühlen. Mit Zsa Zsas Verkündung sitzen wir an diesem Tisch plötzlich irgendwo zwischen diesen zwei Zuständen, der eine schwappt in den anderen. »Jetzt sag mir noch mal«, bricht Zsa Zsa das Schweigen der kauenden Münder, »sag mir noch mal, wie ich mir das jetzt vorstellen muss.« Die Anspannung, die sie spüren muss, ist ihr nicht anzusehen. »Du hast also eine Frau wiedergetroffen, und ihr habt wild gevögelt, und es bedeutet etwas?« Ich sehe sie an und kaue, so langsam ich kann, bis mein Mund leer ist. »Ungefähr so«, sage ich, »nur ohne den Sex.« Ich achte sehr genau auf die Reaktion in ihrem Gesicht, aber sie sieht eher überrascht aus als erleichtert. »Du erzählst mir davon, obwohl zwischen euch nichts war?«, fragt sie. »Das habe ich noch nie erlebt. Wenn du erwartest, dass ich deswegen weniger in dich verliebt bin, machst du es genau falsch.« Sie grinst. Und für einen Moment nehme ich das Kompliment tatsächlich an und freue mich, dass ich so offen war. Aber die Wahrheit ist eine andere. Ich bin mir nicht sicher, ob ich es auch erzählt hätte, wenn ich mit Lydia geschlafen hätte. Ob ich den Mut gehabt hätte, etwas zu gestehen, wenn ich tatsächlich etwas Handfesteres zu gestehen gehabt hätte, oder ob mein Mut genau bis hierher reicht, nämlich die Sicherung einzubauen, dass ich offen bin und alles vorher gesagt habe, und deshalb nicht mehr für die Verletzungen verantwortlich sein kann, die ich hinterher anrichte. Ob ich mich nicht dahinter verstecke, emotional ein bisschen aus der Bahn geworfen zu sein, und nicht genau zu wissen, was ich eigentlich will, weil mich meine Trennung in dem erschüttert hat, was ich für richtig und gut gehalten habe. Weil das, wovon ich sicher war, dass es so ist, sich als ganz anders herausgestellt hat. »Wenn das eine Art Lob gewesen sein soll«, sage ich, »kann ich es nicht annehmen. Ich bin einfach nur ein Typ wie alle anderen auch.« Sie lächelt spöttisch. »Ja, aber glaub mir, die simple Tatsache, dass du darüber nachdenkst, unterscheidet dich von fast allen anderen.« Es ist die gleiche Art Kompliment, wie sie immer wieder in den Mails und Nachrichten auftaucht, die Frauen mir zu der Kolumne schreiben: die Freude darüber, dass einer es ausspricht. Und wie beim Lesen dieser Briefe, fühle ich mich wie ein Betrüger, weil ich Lob entgegennehme für Dinge, die ich nicht getan, sondern bloß gesagt oder geschrieben habe. »Tu mir das nicht an«, sage ich, »gib mir nicht die Last mit, besonders sein zu müssen.« Ohne zu zögern, antwortet sie: »Zu spät. Das bist du, weil du bist, wie du bist.« Und während sie das sagt, wird mir klar, dass ich noch nie in meinem Leben weniger wusste, wer oder was ich bin.

Zsa Zsa steht auf und kommt um die Ecke des Tisches herum zu mir. Ich schiebe meinen Stuhl zurück, ohne aufzustehen, und sie setzt sich auf meinen Schoß, sodass ihre Brust an meiner liegt. Wir küssen uns, und es liegt eine neue Zärtlichkeit in jeder Berührung. Die Wildheit, mit der wir bisher übereinander hergefallen sind, ist Vorsicht gewichen. Sie nimmt meinen Kopf in ihre Hände, während sie mich küsst, und ich streichle ihren Rücken, ihre Hüften, ihren Po. Ich umarme sie und ziehe sie an mich, so nah es geht, so als wollte ich sie in mich drücken, bis wir eins sind. Meine Hand gleitet unter ihr T-Shirt, und ich wende diese einzige, merkwürdige Superkraft an, mit der ich geboren sein muss, dass ich BHs mit einem Fingerschnippen öffnen kann, schneller als jede Frau. »Unfassbar«, murmelt sie, ihre Lippen noch an meinen, so wie immer, wenn ich es tue. Sie zieht mir mein Shirt über den Kopf, dann ihres aus, samt BH, und es ist das erste Mal, dass ich erlebe, dass nicht Handys, Schlüssel oder Kreditkarten herausfallen. Sie muss sich umgezogen haben, bevor ich kam. Ich spüre ihre Brust an meiner, während meine Hände unter ihren Rock gleiten, ich ihre Pobacken greife und ihren Schritt nah an meinen ziehe. Ich lehne mich zurück, so weit ich kann, und sehe die helle Haut ihrer Schultern und Brüste im diffusen Licht der Kerzen glänzen. Zsa Zsa gehört zu der raren Gruppe jener Menschen, die nackt noch besser aussehen als angezogen. Ich beuge mich vor und küsse ihren Hals, ihre Brüste, ihre Schultern, Schlüsselbeine, Wangen, und immer wieder finden sich unsere Münder und finden Gründe, warum wir nicht mehr sprechen können, so als gäbe es nichts, was noch zu sagen wäre. Liebe ist die komplexeste Form der Kommunikation, aber was sie sagt, ist manchmal eindeutiger, als es Worte je sein können.

Wir ziehen vom Esstisch aufs Sofa und ins Bett, bevor wir verschwitzt in tiefen Schlaf fallen. Mein letzter Gedanke, bevor mich die Müdigkeit in das tiefe, schwarze Loch aus Unterbewusstsein fallen lässt, ist die Frage, ob sie noch wach liegt und mich ansehen wird. Und falls ja, was sie sehen wird. Ich bin eine Projektionsfläche geworden. Je mehr von meinen Fehlern ich offenlege, umso mehr scheine ich wie ein perfekter Mann wahrgenommen zu werden.

Die Träume kommen schwer und verfliegen schnell in dieser Nacht, berühren mit schmutzigen Fingern all die Stellen, die schmerzen, und verschwinden. Sie sind wie Einbrecher, die schlammverschmierte Abdrücke hinterlassen, aber nichts mitnehmen, sodass man für immer verdammt ist zur Spekulation darüber, was sie wohl gesucht haben. Ich weiß, dass sie da waren. Wer sie waren, weiß ich nicht.

Der fahle Morgen bringt neue Kälte. Ich küsse Zsa Zsa auf die Stirn, ohne dass sie aufwacht, klappe den Kragen hoch und gehe durch die leeren Straßen, allein mit den orangefarbenen Männern der Straßenreinigung, die Sankt Pauli von den Scherben der vergangenen Nacht befreien. Es ist ein Ritual, jeden Morgen, bevor der neue Tag genauso beginnt wie der davor. Die Nächte hinterlassen keine bleibenden Spuren. Aber in manchen werden Erinnerungen geboren.

Der Akku meines Telefons hat die Nacht überlebt, sodass ich auf dem Weg die Mails checken kann. 465 ungelesene Nachrichten von Facebook, Newsletter, zwei der immer häufiger auftauchenden Anfragen von Literaturagenten, ob ich schon vertreten werde, und eine von einem Buchverlag, ob ich mir vorstellen könnte, aus den Kolumnen einen Roman zu machen. Und eine Nachricht von Lydia. »Wir sollten uns mal nüchtern treffen, glaube ich.« Ich muss lachen, bin mir aber nicht sicher, ob sie recht hat. »Du musst jeden Tag Kontakt zu deinen Gefühlen haben«, hatte Jake Gyllenhaal gesagt. Was er nicht gesagt hat, ist, dass dieser Kontakt das Verwirrendste sein kann, was es gibt.

Liebe zukünftige Lieblingsfrau,
eine Frau hat bei mir übernachtet, in meinem Bett,
mit einem meiner T-Shirts an und der Last meiner
Träume auf ihren Schultern. Und dann noch
mal. Und jetzt sitze ich hier und habe eine

Shampooflasche in der Hand, die sie im Bad vergessen hat, und in meinem Bett liegt ein Hemd von ihr, das sie in der zweiten Nacht anhatte, und ich fühle tausend Dinge auf einmal: Es ist wunderschön. Und ich habe plötzlich eine beklemmende Panik, weil mich alles, was sich gut anfühlt, gleichzeitig erinnert an ganz viel, das wehtut und jetzt auftaucht, obwohl es schon ziemlich lange her ist.

Ich weiß nicht, ob du das bist. Ich könnte es mir vorstellen. Und wenn es so ist, weiß ich nicht, wann ich dir das hier zeige. Wahrscheinlich ist es dann egal, weil ich es dir sowieso erklären muss. Ich habe nicht mit dem hier gerechnet. Verdammte Axt, das ist schon wieder so eine offene Flanke, die ich nie erkannt habe, obwohl ich es hätte erkennen müssen. Ich bin immer davon ausgegangen, sobald du auftauchst, bin ich überwältigt, und alles andere ist egal. Jetzt bin ich ganz schön angeknallt, und es ist trotzdem gar nichts egal, sondern es kommt Zeug hoch. Du kannst ja nichts für das, was irgendeine Frau mir irgendwann angetan hat. Aber wenn auf einmal eine so schöne Nähe zwischen uns ist, dann kommen plötzlich Erinnerungen hoch, wie sie sich in etwas Furchtbares verwandeln kann. Verstehst du das?

Es ist das Albernste auf der Welt, dieses Gefühl an einer Shampooflasche festzumachen oder an einem Hemd im Bett. Wirf in mein Bett, was du willst, vor allem mich, aber meinetwegen auch alles andere, was dir einfällt – außer Playmobil. Playmobil ist das schmerzhafteste aller Spielzeuge, vertrau mir in dem Punkt. In allen anderen Punkten versuche ich, dir zu vertrauen. Glaub mir, ich versuche es wirklich.

Wer hätte gedacht, dass das mal ein Thema wird?

Ich bin nicht mehr zwanzig. Ich bin sogar ein bisschen mehr als zwei mal zwanzig. Das heißt, ein paar Illusionen habe ich nicht mehr, und das müsste eigentlich bedeuten, dass ich Dinge ein bisschen entspannter angehen kann als früher. Sehr viel Druck ist weg von mir: Ich muss keine Kinder mehr zeugen oder heiraten oder sonst irgendwas, ich kann das alles wieder tun, wenn ich will, aber falls es nie mehr passiert, wäre das okay für mich. Nur, was mache ich, wenn dieses Gefühl bleibt: dass mit wachsender Nähe auch die Panik wächst? dass sich alles, was sich gut anfühlt, gleichzeitig schlecht anfühlt? Es gibt ja nichts zwischen Affäre und Beziehung. Entweder man hält alles auf einem Level und macht nicht viel mehr, als sich zum Vögeln zu treffen, oder man muss sich darauf einlassen, dass es sich entwickelt, enger wird, näher. Dass man sich liebt.

Ich habe jetzt zehn Minuten gebraucht, um diese vier Worte zu schreiben, aber eben: dass man sich liebt. Dass man sich liebt wie verrückt und dabei sein Herz ganz hoch über das riesige Feuer mit den aufgepflanzten Speeren hängt, sodass es sicher auf viele verschiedene Arten stirbt, wenn die Stricke reißen.

Anders geht es ja nicht. Man muss da hoch, muss wieder mit wehenden Fahnen in die Schlacht ziehen und im Zweifel wieder genauso untergehen wie beim letzten Mal. Ich weiß das und will das. Und ich werde trotzdem Panik haben. Und ich danke dir dafür.

Das hört sich vielleicht komisch an, aber ich danke dir tatsächlich dafür. Angst ist schließlich die einzig sinnvolle Gelegenheit, Mut zu haben. Und den habe ich. Wegen dir. Obwohl du vielleicht noch gar nicht aufgetaucht bist.

Was kannst du erst alles anstellen, wenn du mal da bist?

16

Wir gucken den Mond an. Nummer zwei hat das Fernglas und dreht pausenlos an dem Scharfstellrad in der Mitte. »Siehst du das, was aussieht wie ein Meer, ein bisschen rechts von der Mitte«, frage ich sie. »Ich sehe ganz viele Löcher«, antwortet sie. »Das sind Krater.«

»Ich sehe ganz viele Krater.« Nummer zwei und ich lieben den Mond, auch wenn sie, anders als ich, nicht mehr sicher ist, ob sie je hinfahren will. Ich schon, unbedingt. Es ist die eine große Beschwerde, die ich an das Universum habe, dass es keine Mondlandung mehr gegeben hat, seitdem ich auf der Welt bin. Wann immer ich einen Fitzel Videomaterial der Mondlandungen sehen kann, tue ich es. Sie sind so unvorstellbar ästhetisch. Und obwohl ich weiß, dass Neil Armstrongs Funkspruch während seines Abstiegs von der Leiter der Fähre – der von dem kleinen Schritt für einen Menschen und dem großen Sprung für die Menschheit – als der großartigste in die Geschichte eingegangen ist, kommen mir die Tränen bei einem anderen. »Houston«, sendete er ein paar Stunden früher, direkt nach der Landung der Kapsel auf der Mondoberfläche, »Tranquility Base here. The Eagle has landed.« Es sind für mich die schönsten zwei Sätze in der Geschichte der Menschheit, und das hat direkt mit Nummer zwei zu tun, und damit, dass damals der Zufall dafür sorgte, dass die Landestelle in einer Mare Tranquilitatis, Meer der Stille genannten Ebene des Mondes lag. Es sind die zwei Sätze, die ich gedacht habe, als Nummer zwei nach ihrer Geburt an einem frühen Morgen im November vor mir lag, an der Brust ihrer Mutter, und mich nach Stunden der Anspannung plötzlich eine tiefe Ruhe überkam. »Tranquility Base«. Der Adler war gelandet.

Ich wollte schon vorher zum Mond, aber seitdem kann ich nicht anders als jedes Mal, wenn ich ihn am Himmel sehe, daran denken, wie sehr ich in diesem einen Moment in meiner Mitte war. Ich hatte nichts auszustehen in jener Nacht, schon gar nicht im Verhältnis zu der Heldentat, die meine Frau in den Stunden vollbrachte. Würden Männer die Kinder bekommen, gäbe es für jede einzelne Geburt ein Denkmal, so wie wir überall auf der Welt die zwölf Männer als Helden feiern, die jemals einen Fuß auf die Oberfläche des Mondes gesetzt haben. Nach der Geburt von Nummer eins hatte ich dieses Gefühl nicht, auch wenn sie der Beginn einer völlig neuen, gigantischen Reise war. Aber Nummer zwei war meine Mondlandung. »Tranquility Base here. The Eagle has landed.«

Ruhe ist, wenn überhaupt, immer nur zufällig verbunden mit Stille. Sie ist ein Ort in mir, ein Moment, in dem sich alles auf einen Punkt fokussiert, meine Vergangenheit und meine Zukunft sich zusammenziehen und in der Gegenwart verdichten. Ich habe sie im Alltag meiner Ehe gespürt, wenn ich in einer Ecke meines Zimmers auf einem Sessel saß, mit meinem Laptop auf den Knien, und gearbeitet habe, während ich anhand der Geräusche verorten konnte, dass die anderen Familienmitglieder in verschiedenen Räumen rechts und links von mir ihren Kram machten. Oder in Extremsituationen, wie damals vor mehr als zwanzig Jahren, als auf der Autobahn ein Reifen meines geerbten VW Golf platzte, die uralten Stoßdämpfer das Auto unkontrolliert kreiseln ließen und ich sicher war, gleich zu sterben. Sportler erleben diese Ruhe, wenn ihr Geist und Körper eins werden und sie plötzlich keine falsche Bewegung mehr machen können, wenn sie »in der Zone« sind, wenn alles sich so schnell bewegt, dass Fehler fatal wären. Aber ich habe sie nie stärker gespürt als in jener Sekunde, in der mein Kind zum ersten Mal an der Brust seiner Mutter lag. Seitdem nenne ich sie so. »Tranquility Base« ist ein Ort in mir.

»Papa«, fragt Nummer zwei, »ist zum Mond fliegen gefährlich?« Die Antwort ist nicht so einfach, wie sie sein sollte. »Im Moment fliegen wir Menschen nicht zum Mond«, sage ich vorsichtig, »leider. Und wenn wir wieder fliegen, wird es nicht mehr sehr gefährlich sein, nur sehr teuer. Aber damals, als die Menschen zum Mond geflogen sind, war es gefährlich. Die waren sehr mutig.«

»Warst du da schon geboren?«

»Nein, da haben sich Omi und Opi gerade kennengelernt. Das war übrigens auch sehr mutig.«

»Warum denn?«

»Na ja«, sage ich, »du kennst ja Omi.« Nummer zwei sieht zu mir herüber, um an meinem Blick zu prüfen, ob ich das ernst meine, aber es ist dunkel, und sie kann mich kaum sehen. Sie erkennt es trotzdem. »Du erzählst Quatsch, Papa«, stellt sie fest. »Ja, ich erzähle Quatsch«, und dann kitzle ich sie, während sie versucht, weiter den Mond anzusehen, ohne zu lachen. »Oh, bitte, Papa«, sagt sie in dem Ton genervter Herablassung, den nur Kinder ihren Eltern gegenüber haben, »benimm dich mal altersentsprechend.« Ich muss lachen. »Wo hast du denn das her?«

»Wieso? Das kennt doch jeder!« Ich höre auf, sie zu kitzeln, und starre sie an, so gut es im Dunkeln geht. Wir sind zusammengewachsen in der Zeit seit der Explosion, die Mädchen und ich. Ich schäme mich manchmal dafür, aber seitdem ich sie jede zweite Woche rund um die Uhr für mich alleine habe, und sie mich umgekehrt auch, ist mein Verhältnis zu ihnen enger und schöner als jemals zuvor. In einer Woche kommt man nie an den Punkt, an dem Eltern sonst ständig sind, dass man sich nach nichts mehr sehnt als nach ein bisschen Zeit für sich und das, was wir uns normalerweise als Ruhe verkaufen. Ich fühle mich wie ein schlechter Vater, wenn ich es auch nur zu denken wage, doch manchmal glaube ich, die perfekte Balance gefunden zu haben zwischen Familienleben mit meinen Töchtern und all dem, wovon Familienleben mich früher abgehalten hat. Es ist anstrengend, alleinerziehend zu sein, aber die Hälfte der Zeit alleinerziehend zu sein, ist nicht annähernd halb so anstrengend wie das, was ich bei wirklich Alleinerziehenden mitbekomme. Abgesehen davon, schaffen es sowohl die Mutter der Töchter als auch ich, voll berufstätig zu sein, was früher nie funktioniert hat. Es ist das, was einem niemand sagt, und wenn es jemand täte, würde man es nicht glauben: Rein praktisch betrachtet, ist eine Scheidung möglicherweise die beste Form des Zusammenlebens. Nur war das leider kein Kriterium, überhaupt jemals zu heiraten. Das Loch im Herzen, das bleibt.

Ich stehe auf und beginne, unsere Sachen zusammenzupacken. Dann gehen wir die paar Meter über den Schulhof zurück zu unserer Wohnung. »Hast du unsere Flüge gebucht«, fragt Nummer zwei, und ich nicke. »Hab ich.«

»Juhu!« Nummer zwei neigt zu Überreaktionen. Sie springt mit gereckten Armen in die Luft, als hätte ich ihr ein Pony gekauft. »Kommt Zsa Zsa mit?« Es ist die erste Frage, und ich bin mir nicht sicher, ob das bedeutet, sie wünscht es sich, oder sie fürchtet es. Die Kinder haben Zsa Zsa inzwischen zwei Mal beim Abendessen erlebt – wenn sie auch danach nicht bei uns übernachtet hat –, und man kann die Liebe meiner Töchter offenbar nicht einfacher erlangen, als eine unüberschaubare Menge Hunde mitzubringen. Es war fast zu einfach. Selbst

Willy und Hummel waren weniger geschockt, als ich erwartet hätte. Willy saß nach fünf genervten Minuten ungerührt über seinen Napf gebeugt und fraß den Hunden etwas vor, während Hummel auf Zsa Zsas Schoß saß und sich streicheln ließ. Die Hunde drängten sich derweil entweder unter dem Küchentisch oder spielten mit einem Champagnerkorken. Und mit einem meiner Sneakers, was ich aber erst am nächsten Morgen bemerkt habe. Seitdem ist Zsa Zsa eine akzeptierte Erscheinung bei uns. Aber in den Urlaub nehme ich sie trotzdem nicht mit. Es ist die einzige Zeit im ganzen Jahr, in der ich meine beiden Töchter drei Wochen am Stück für mich habe, und sie mich drei Wochen für sich. So, wie wir Urlaub machen, auf der griechischen Insel, von der meine Familie stammt und auf der sich im Sommer alle treffen, sind immer viele Menschen um uns herum, Verwandte und Freunde, doch die bekommen eine andere Form der Aufmerksamkeit. Während dieser drei Wochen möchte ich, dass es für meine Töchter keinen Zweifel geben kann, dass sie in meiner Welt die wichtigsten Menschen sind.

»Nein«, sage ich, »Zsa Zsa kommt nicht mit. Aber Ali kommt uns besuchen.« Wieder springt Nummer zwei in die Höhe. »Ali«, schreit sie, »juhu!«

Vor der Haustür sammeln wir Willy ein, der dort auf ein Exemplar der völlig unterlegenen Spezies Mensch wartet, die sich nur durch ihre Fähigkeit zum Tür- und Dosenöffnen eine Existenzberechtigung verdient. Ich hole den Schlüssel aus der Tasche. »Papa«, sagt Nummer zwei fragend, und ich sehe sie an, um ihr zu zeigen, dass ich zuhöre, »ist Zsa Zsa deine Freundin?«

»Das weiß ich nicht genau«, sage ich so schnell, dass es mich selbst überrascht, »das ist manchmal nicht so ganz klar.« Sie überlegt, nicht überzeugt von meiner Antwort. Noch im Hausflur fragt sie: »Wann ist es denn klar?«

Ich nehme mir Zeit, mir die Schuhe abzustreifen und hinter dem Kater in die Küche zu gehen, um ihn zu füttern. Nummer zwei wartet geduldig, bis ich fertig bin und mich setze. Dann klettert sie auf meinen Schoß. »Mäusebacke«, beginne ich, »du weißt ja, ich war immer sehr verliebt in eure Mutter.« Sie nickt. Ich bin mir nicht sicher, ob das ein guter Start war, und ob ich damit nicht Wunden aufreiße, die gerade erst verheilen, aber ich habe den Kindern – vor allem Nummer eins – direkt nach der Trennung versprochen, wenn sie Fragen hätten, würde ich die immer ehrlich beantworten. Und das versuche ich. Was allerdings voraussetzt, dass ich etwas Ähnliches wie eine Antwort weiß.

»Wenn man richtig verliebt ist und sich später trennt, braucht man eine Weile, bis das wieder geht«, sage ich, »weil es schwierig ist, sich zu trennen, und danach hat man ein bisschen Angst.« Nummer zwei nickt wieder. »Wie wenn man vom Pferd fällt«, sagt sie.

»Was?«

»Papa«, sagt sie vorwurfsvoll, »das heißt: wie bitte!«

»Ich meinte eher, was das ... Aber du hast recht. Wie wenn man vom Pferd fällt. Dann hat man auch Angst.«

»Du sagst doch immer, man soll schnell wieder aufsteigen.« Ich sehe meine Tochter an und frage mich, seit wann sie Anwältin ist. »Ja«, antworte ich, »das stimmt. Trotzdem ist es anders.«

»Wieso denn?«

»Weil bei Pferden ... Wenn man wieder auf ein Pferd steigt, ist es egal, auf welches.«

»Und wenn du verliebt bist?«

Noch während meines verblüfften Schweigens ob der Tatsache, dass meine neunjährige Tochter mich in eine Ecke argumentiert hat, kommt Nummer eins in die Küche geschlurft. »Papa«, sagt sie betont gelangweilt, »darf ich was Süßes?« Ich nutze die Gelegenheit, um mir Beistand zu holen, oder um zumindest die Diskussion so weit zu verunklaren, dass ich aus meiner argumentativen Ecke herauskomme. »Wir reden gerade darüber«, sage ich, »ob ich mir eine Freundin suchen soll.«

»Oh ja«, sagt Nummer eins gelangweilt, »nimm doch Ali!« Ich bin perplex. »Wieso denn Ali?«

»Darf ich was Süßes?«

»Ja, guck mal, ob da was ist. Wieso Ali?«

»Ihr hängt doch eh immer zusammen rum.« Sie wühlt in dem flachen Schrank über dem Herd und findet eine Tüte mit Weingummis. »Nee«, sage ich aufgebracht, »ernsthaft. Wieso Ali?« Nummer eins könnte gelangweilter nicht sein, lässt sich jedoch herab, mir zu antworten. »Na ja«, sagt sie, »ihr hängt dauernd zusammen ab, und im Urlaub schlaft ihr in einem Bett. Und du lachst immer, wenn ihr zusammen seid.« Lache ich immer, wenn wir zusammen sind? »Und«, fällt Nummer eins noch ein, »sie hat ein cooles Auto.« Was nicht wahr ist. Ali fährt ein SUV, ein Auto des Satans. »Das ...«, beginne ich meine Widerrede, bis mir auffällt, dass es wahrscheinlich in dieser Situation nicht lebenswichtig ist, meiner vierzehnjährigen Tochter zu widersprechen, »also ... Was ist mit Zsa Zsa?« Nummer zwei überlegt kurz. »Die ist auch okay«, sagt sie, »darf ich was gucken?«

Als die Kinder eine Stunde später endlich im Bett sind, rufe ich Ali an. Es ist Freitagabend, und ich höre Musik im Hintergrund, als sie ans Telefon geht. »Hase«, sagt sie, »bitte sag mir, dass es kein Notfall ist. Ich habe vor, heute noch sexuelle Dienstleistungen in Anspruch zu nehmen, und deshalb echt unbequeme Unterwäsche an.«

»Können wir nicht einmal wie eine normale Familie sein?«

»Ernsthaft«, sagt sie, und ihr Ton ist tatsächlich ernsthaft, »das sieht alles so einfach aus, aber es ist scheiß unbequem.

Und ich schwöre, ich hab das alles nur noch eine Stunde an. Maximum!«

»Wo bist du denn?« Sie atmet hörbar aus. »Hase«, sagt sie, »er ist gerade sein Auto umparken, weil unten die Poletten langgehen.«

»Wer ist er? Der Saupillermannarsch ...?«

»Ja«, sagt sie resigniert, »der ist doch ganz nett.«

»... kackdreckschweinesauarschblödekuh?«, beende ich, weil ich ihn gerade wirklich von Herzen ablehne. Wer ist der Typ? »Hase«, fragt sie im Gegenzug, »wo bist du?«

»Ich bin zu Hause. Mit Kindern. Keine Gefahr, etwas Dämliches zu tun.«

»Okay«, sagt sie, »halt dich von Leuten fern. Ich warne vor Leuten!« Ich will nicht auflegen.

»Das geht die ganze Nacht, oder?«

»Das hoffe ich doch, du Model«, sagt sie entschlossen, »und er hat den Buko dabei.«

»Ich will nicht wissen, was das ist«, sage ich schnell.

»Der Beischlaf-Utensilien-Koffer«, sagt sie, »mit dem Nötigsten.«

»Du machst mich fertig«, antworte ich.

»Ich habe das nicht erfunden. Das kommt von der Mutter einer Freundin, ernsthaft. Deshalb gab es bei denen auch nie Buko-Frischkäse. Immer nur Philadelphia. Ich muss auflegen!«

»Ich liebe dich, du Waffe!«

»Ich dich auch, Hase. Einwandfrei, danke, tschüss!« Und schon legt sie auf.

Ich liege wach und denke nach. Einmal habe ich Ali gefragt, woran man merkt, dass man noch nicht über jemanden weg ist. »An wen denkst du nachts, bevor du einschläfst«, hat sie mich gefragt, und ich habe ohne Nachdenken geantwortet: »An meine Frau.« Sie hat mich angesehen und den Mund verzogen. »Das ist schon mal ein Hinweis.« Jetzt liege ich hier und denke an Ali. Und an Zsa Zsa. Und an Lydia. An tausend Frauen, die mir schreiben. Und, wie immer, an meine Immernoch-Frau. »Es wird leichter«, hat Ali noch gesagt, »das reibt sich alles ab.« Doch manchmal weiß ich nicht mal, ob ich das überhaupt will, oder ob ich nicht einfach lieben will, bis ans Ende meines Lebens, selbst wenn die Frau, die gemeint ist, es längst nicht mehr will. Womöglich ist ehrlich zu leiden weniger schwer, als zu versuchen, einem Traum nachzujagen, der vielleicht nie mehr erfüllt werden kann.

Liebe zukünftige Lieblingsfrau,
ich habe die Sommerferien gebucht, zumindest den
Teil, den ich mit Nummer eins und Nummer zwei
verbringen werde, auf der griechischen Insel, auf der
meine Großeltern sich kennengelernt haben und auf der
meine Eltern die warme Hälfte des Jahres verbringen,
seitdem sie in Rente sind. Ich habe, typisch Migranten-
kind, viele Sommer hier verbracht, an dem wilden
Strand, wo an windstillen Tagen das Wasser glasklar
und glatt wie Öl ist, während dich an windigen Tagen
die Brandung herumschleudert wie eine Wasch-
maschine, bevor sie dich auf den Sand spuckt, wenn du
es nicht schaffst, dich lang auszustrecken und deinen
Körper auf ihr reiten zu lassen wie ein Surfbrett, denn
dann legt sie dich ab, wie man ein Kind im Bett ablegt,
wenn es im Auto eingeschlafen ist nach einem langen,
aufregenden Tag. Und wenn die Sonne hinter den
Bergen versinkt, sammeln die Kinder Treibholz, und
wir machen ein Feuer, wie damals, als wir Jungs mit
unseren Gitarren im flackernden Schein der Flammen

923 Mal pro Abend das Solo von Sultans of Swing geübt haben, was manche der Mädchen wahrscheinlich die ersten drei Male noch beeindruckend fanden. Und dann, wenn die Sterne am tiefschwarzen Himmel leuchteten wie Fernlichter auf einer einsamen, nächtlichen Autobahn, sind wir ins Meer gesprungen, das inzwischen wärmer war als die Luft, und geschwommen, am liebsten nackt.

Ich springe immer noch nachts ins Meer, allerdings nicht mehr nackt, weil das Nummer eins und Nummer zwei wahnsinnig peinlich wäre. Es ist lustig, dass, während einem selbst mit den Jahren immer weniger peinlich ist, die eigenen Nachkommen immer öfter peinlich berührt sind, so als gäbe es ein bestimmtes Level, das in der Familie unbedingt gehalten werden muss. Aber so ist es, was soll ich machen?

Wir haben noch nie wirklich über Sex gesprochen, du und ich, und ich weiß nicht, ob man das überhaupt muss, aber ich finde, man sollte es können. Es ist einer jener Widersprüche der Problemzone Mensch, dass es umso schwieriger ist, über etwas zu sprechen, je wichtiger es ist und je näher man sich steht. Manchmal habe ich den Eindruck, es ist leichter, mit einem wildfremden Menschen zu schlafen, als mit einem Lieblingsmenschen ehrlich über Sex zu sprechen. Gerade weil Sex wichtig ist, auf tausend Arten, und die schönste davon ist, wenn er Ausdruck ist von etwas, das man mit Worten nicht sagen kann. Denn selbst die mächtigsten Worte sind nur ein Streichholz gegen das Feuerwerk, das mein Herz sprengt, wenn unsere Blicke sich treffen. Wenn du lächelst. Wenn du mich berührst.

Ich werde an dich denken, wenn ich an dem wilden Strand sitze, die Sonne hinter den Bergen verschwindet und das Mondlicht eine silberne Straße auf das Meer legt. Wenn wir ein Feuer anzünden, Bier trinken und zuhören, wie die Brandung schwächer wird bis zu dem Moment, an dem der Wind die Richtung wechselt, weil die Luft über dem warmen Meer plötzlich genauso schnell aufsteigt wie über dem kühler werdenden Sand. Für eine kurze Zeit wird das Meer still, und ich werde hineinwaten und mich ausgestreckt auf dem Rücken treiben lassen und zu den Sternen blicken, und es wird sein, als wärst du da, wenn ich mir vorstelle, dass du möglicherweise gerade irgendwo auf genau denselben Stern blickst.

Wir werden schwimmen, irgendwann, nachts und nackt, und ein Feuer anzünden an einem wilden Strand, und ja, ich möchte, dass das eine Metapher ist für alles, was noch kommt. Und ja, es ist mir auch ein bisschen peinlich, darüber zu reden. Ich mach das nur, weil es wichtig ist.

Aber vielleicht könntest du es mir auch einfach zeigen?

17

Ali zeigt auf das gelbe Schild mit der roten Schrift. »Für den Fall«, sagt sie, »dass du mal tanken musst.« Es ist ein Running Gag, seitdem wir von der Fähre gefahren sind. Nirgendwo auf der Welt ist die Tankstellendichte höher als auf dieser griechischen Insel. »Ich empfehle sie ganz besonders deshalb«, deklamiert sie im Ton einer Fremdenführerin, »weil sie eine wunderbare Aussicht hat mit Blick auf ...«, sie zeigt hundert Meter die Straße hinunter, »eine andere Tankstelle!« Ich muss lachen, zum wahrscheinlich zehnten Mal über den gleichen Witz, während Nummer eins und Nummer zwei auf dem Rücksitz unseres gemieteten italienischen Kleinstwagens entnervt aufstöhnen. »Was«, frage ich in anklagendem Ton, weil wir beschlossen haben, das jetzt einfach als Frage an alles anzuschließen, was an Themen aufkommt, »was hat das jetzt noch mit Hip-Hop zu tun?« Es ist Mittag, und über dem Asphalt flirrt die Hitze. Ali hat ihre Beine auf der Ablage ausgestreckt. Sie hat die Haut ihres Vaters geerbt und wird schon braun, wenn sie nur einen guten Wetterbericht liest. »Papa«, fragt Nummer zwei mit leidender Stimme von der Rückbank, »wann können wir endlich schwimmen gehen?«

»Wir halten nachher, und ihr springt ins Meer«, sage ich, und Ali ergänzt: »Die Gegend ist touristisch unerschlossen und eignet sich nicht zum Baden, was schon daran erkennbar ist, dass man kein Meer sieht.« Sie deutet theatralisch zuerst rechts und dann links aus dem Fenster auf die vorbeiziehenden Häuser des staubigen Städtchens, durch das wir fahren. »Sie eignet sich hingegen hervorragend«, jetzt deutet sie durch die Windschutzscheibe nach vorne, »zum Tanken!«

Ich komme seit mehr als vierzig Jahren hierher, zuerst als Kind, und nach einer Pause inzwischen mit meinen eigenen Kindern. Wir kamen damals mit dem Auto, vier Tage Fahrt, und ich habe mich gesehnt danach, Urlaub zu machen wie alle anderen, zwei Wochen in einem Hotel auf Mallorca mit einem Swimmingpool und Mahlzeiten vom Buffet – so viel man will! – anstelle von Frühstücksflocken mit verdünnter Dosenmilch der Marke Nou-Nou. Jedes Kind südeuropäischer Migranten erinnert sich an die langen Fahrten auf der jugoslawischen Autobahn und an den Geruch von Bifi-Salami in nichtklimatisierten Autos. Ab dem zweiten Tag gab es nur noch Proviant, der nicht gekühlt werden musste. Wir alle haben uns danach gesehnt, im Flugzeug in den Urlaub zu fliegen. Heute weiß ich, dass hier das Paradies ist. Und meine Kinder, die im Urlaubsflieger hier landen und drei Stunden später schon bei Omi und Opi auf der Terrasse sitzen, haben keine Ahnung, wie gut es ihnen geht.

Mit jeder Abzweigung, die wir nehmen, werden die Straßen schmaler, bis sie gerade noch breit genug sind, den Gegenverkehr passieren zu lassen. Irgendwann, am Ende der letzten, kleinen Straße, taucht der spitze Hügel mit der Kirche auf, an dem das Dorf liegt. Unser Dorf. Jedes Mal, wenn ich diese Reise mache, diese lange Abfolge von immer kleineren Transportmitteln durch immer kleiner werdende Verkehrswege, vom Flugzeug über das Schiff in das winzige Auto, von der Luft über das Meer in das Labyrinth immer enger werdender Straßen, muss ich an folgende Definition von Gefahr denken: das Schwinden der Möglichkeiten. Und daran, dass am

Ende der immer knapper werdenden Möglichkeiten trotzdem ein Hügel wartet, mit einem leuchtenden kleinen Dorf und einer strahlend weißen Kirche auf der Spitze. Ein Zuhause. In Wahrheit ist diese Definition von Gefahr auch die Definition von Entscheidung: das mutwillige Schwindenlassen von Möglichkeiten. Und wenn es schiefgeht, bist du allein.

»Was ist mit Zsa Zsa«, fragt Ali ein paar Stunden später, als wir endlich im Meer treiben. Das Wasser liegt heute still wie Öl. »Was meinst du«, frage ich zurück, obwohl ich genau weiß, was sie meint. Sie tut mir nicht den Gefallen, meine Gegenfrage als den Hinweis zu verstehen, dass ich nicht darüber sprechen möchte. »Die Frau ist verliebt in dich«, sagt sie, »und wenn ich mir euch so angucke, dann bist du es auch.« Ich sehe hinauf in den klaren, blauen Himmel und tauche mit einem tiefen Atemzug tief in das glasklare Wasser. Das Salz brennt in meinen Augen, aber auch ohne Schwimmbrille kann ich erkennen, dass die Sicht unter Wasser heute unendlich ist. Einen Zug später bin ich am Boden und berühre ihn mit der rechten Hand, bevor ich mich umdrehe und zur Oberfläche blicke, die als gleißende Verheißung über mir schwebt. Ich bin schwerelos und frei hier unten, geschützt in der stummen, weichen Welt aus Blau, die mich umfängt und festhält. Ich bin in Sicherheit für einen perfekten, endlosen Moment, bevor der Sauerstoff in meiner Lunge aufgebraucht ist und ich zurückmuss ins Licht der Oberfläche, wo das Leben ist.

Ali liegt auf dem Rücken und lässt sich treiben, nur ihr Gesicht, ihr blaues Bikini-Oberteil und ihre rot lackierten Fußnägel ragen aus dem Wasser. Ich schwimme zu ihr. Sie hört mich kommen, hebt den Kopf jedoch nicht. »Die Antwort ist, ich weiß es nicht«, sage ich, »ich habe keine Ahnung. Ich wünsche mir, dass es einfach ist, und dass alles klar ist, aber das ist es nicht.« In diesem Moment sehe ich Ali vor mir in jener

Nacht, als ich ihr erzählt habe, dass meine Frau mich verlässt. Ich war stundenlang in der Gegend herumgelaufen, ohne zu wissen, ob ich weine, oder ob mir nur der Regen übers Gesicht läuft, völlig leer, taub und losgelöst von allem, was die Welt ist. Diese hatte für mich ihren Körper verloren, wurde ganz und gar unwirklich, nachdem alles was zuvor wahr und richtig gewesen war, sich in nichts aufgelöst hatte. Ich hatte Ali angerufen, die bei einer Freundin in Hannover übernachten wollte, und zwei Stunden später schob sie sich auf den Hocker neben mir am Tresen in der dunkelsten Bar, die ich hatte finden können. »Wie kann das sein«, habe ich sie gefragt, und das Erste, was sie gesagt hat, war: »Was hast du denn erwartet, Hase?«

Jetzt, hier, in diesem Moment, in dem ich mich frage, warum es so schwer ist, mich aus dieser Blase zu befreien, die mich seit der Explosion umgibt, fürchte ich nichts mehr, als dass sie mich nochmals fragt, weil ich keine Antwort darauf habe. Was habe ich denn erwartet?

Die Antwort ist, ich habe gehofft. Ich habe gehofft, dass es einfach werden würde, dass es klar sein würde; dass ich eines Tages eine Frau treffen würde, es mich umwirft, und dass von dieser Sekunde an das Glück und die Leidenschaft, die Freude und, ja, die unersättliche, bescheuert machende Liebe mich überwältigen und alles andere vergessen machen würde. Habe ich das erwartet? Nein, sicher nicht. Aber ich habe es gehofft, und genau das macht mir Angst: dass ich meinen Hoffnungen erlaube, die Macht über mich zu übernehmen. Doch was soll ich tun, so ist es. Ich wünsche und begehre. Fick dich, Kazantzakis, du magst frei sein, ich bin es nicht. Zumindest nicht so lange, wie ich über Wasser bin.

»Bitte frag jetzt nicht, was ich denn erwartet habe.« Ali richtet sich im Wasser auf und sieht mich entrüstet an, aber ihr Blick wird schnell weicher. »Hase«, sagt sie sanft, »jetzt sei mal nicht so hart zu dir.«

»Wann hört das endlich auf?« Ali schwimmt auf mich zu, und als sie direkt vor mir ist, legt sie mir eine Hand auf die Wange. »Das hört nicht auf, Hase«, sagt sie zärtlich, »das ist das Leben. Aber irgendwann wirst du aufhören, das alles so zu sehen, wie du es gerade siehst. Gib dir ein bisschen Zeit.« Sie streicht mir mit einer Hand über den Kopf und durch die nassen Haare und tritt mich dabei unter Wasser unabsichtlich gegen das Bein. »Es ist gar nicht so leicht, nah bei jemandem zu sein, wenn man schwimmt«, sage ich. »Sorry, du Model«, antwortet sie, »du musst aufhören, ständig in Metaphern zu denken. Manchmal ist ein Tritt nur ein Tritt.« Ich seufze und lehne mich zurück ins Wasser, um mich treiben zu lassen. »Was«, rufe ich laut, »hat das jetzt noch mit Hip-Hop zu tun?« In diesem Moment spüre ich eine Hand auf meinem Kopf und höre das quiekende Lachen von Nummer zwei, während sie mich unter Wasser drückt.

Die blaue Stunde zwischen Sonnenuntergang und Dunkelheit taucht die Bucht in seidig weiches Licht, während wir am Strand liegen und Bier aus Dosen trinken. »Da«, ruft Ali, »Nakapan!« Sie hält Nummer eins ihr Smartphone hin, damit sie es selbst nachlesen kann, »Marzipan-Ersatz aus Grieß und Zucker«. Nummer eins verzieht das Gesicht. »Das ist ja so eklig!« Die Diskussion mit meinen Töchtern reichte von Alis Enthüllung, dass amerikanische Jeans einmal cooler waren als japanische, bis hin zu den Ersatzstoffen, die man aus Rohstoffmangel in der DDR erfunden hat. Ich bin längst ausgestiegen.

»Sorry, du Model«, sagt Ali, was lustig ist, weil Nummer eins mit ihren langen, rehartigen Gliedmaßen und der riesigen Pilotenbrille tatsächlich aussieht wie ein Model, »aber wir hatten ja damals nichts, nach dem Krieg. Wir mussten barfuß durch den Schnee zur Schule gehen.« Nummer zwei, die bis eben noch verträumt an Alis Schulter lehnte, lacht verzückt auf. »Du erzählst Quatsch«, schreit sie und wirft sich auf Ali, die kichernd unter ihr im Sand liegt. Dann blickt Nummer zwei auf und sieht mich an. »Papa, das ist doch Quatsch, oder?« Ich nicke ihr heimlich zu, sodass Ali es nicht sieht, während ich dabei sage: »Nein, als Ali jung war, war auch alles noch in Schwarz-Weiß.«

Wir sind das Bild einer perfekten Familie. Eine dieser Familien, die es wahrscheinlich nicht gibt. Wir sind jedenfalls keine.

Meine Eltern gehen als Erste ins Bett. Sie sind jeden Sommer sechs Monate lang hier, sie müssen nicht alles, was geht, aus jedem Tag herausquetschen, obwohl sie es wahrscheinlich trotzdem tun, auf ihre Art. Dann schlafen irgendwann auch die Kinder ein. Ali und ich sitzen auf der Terrasse des Hauses, an dem mein Vater seit fast vierzig Jahren baut, und das inzwischen eine Art Villa geworden ist, und blicken hinauf in den Sternenhimmel, der aussieht wie eine verstreute Sammlung von Diamanten auf schwarzem Samt. Die Temperatur ist weniger als zehn Grad gefallen seit der größten Mittagshitze, aber es war dieser entscheidende Sprung dabei über die Schwelle, bei der die Zikaden auf einmal gemeinsam aufhören mit ihrem ohrenbetäubenden Knirschen. Es ist still, bis auf das gelegentliche Bellen eines Hundes in der Ferne oder das Knattern des Motorrades eines Nachbarsjungen auf der Suche nach einer gelebten Nacht.

Sie hat ihre braunen Beine auf der niedrigen Mauer abgelegt, die als Geländer dient. Ihre widerspenstigen schwarzen Haare sind zu einem kugelrunden Dutt gebunden, weil sie noch nicht geduscht hat und sie vom Salzwasser sonst abstehen würden. Sie trägt sehr kurz abgeschnittene Jeans und ein Hemdchen mit Spaghettiträgern. Nach einem Tag in der Sonne sieht sie aus, als hätte sie den ganzen Sommer über in der lässigsten Strandbar Australiens gejobbt und nebenbei reihenweise Surfer verführt. »Wir sollten ausgehen«, sage ich, »tanzen!« Und sie lacht kurz, als wäre das merkwürdig. »Weißt du überhaupt, wo man hier abends hingeht«, fragt sie, und es klingt, als würde sie das bezweifeln. »Alte«, sag ich, »ich habe das Nachtleben in dieser Ecke der Insel mal regiert mit meinen Jungs!« Jetzt lacht sie laut. »Du hast auch mal Basketball gespielt, bis du aufgehört hast, zu wachsen. Wann war das noch mal? Mit vierzehn?«

»Gespielt habe ich bis sechzehn«, sage ich halb genervt. »Aber da warst du schon der Kleinste, oder nicht?« Ich verziehe den Mund und denke an Mugsy Bogues, der mit nur 1,60 m erfolgreich in der amerikanischen Liga gespielt hat. Fast einen Kopf kleiner als ich! Aber sie hat ja recht. »Warum heiraten wir nicht einfach«, frage ich sie. »Machen wir doch«, sagt sie nur, »wenn wir achtzig sind.« Das haben wir uns versprochen, als wir dreizehn oder vierzehn waren, noch bevor ich anfing zu rauchen und aufhörte zu wachsen. Wir haben uns versprochen, dass wir heiraten, wenn wir achtzig sind und mit allem anderen durch, sodass wir gegenseitig die Letzten sind, die wir lieben, und wir haben den Schwur bei Gelegenheit immer wieder erneuert. »Du willst, dass ich das hier aufgebe«, fragt sie und macht eine Bewegung mit der Hand, in der sie ihre Bierdose hält, eine Bewegung, die alles bedeuten kann und alles mit einschließt: ihre nackten Füße auf der noch sonnenwarmen Mauer, die Terrasse, die Sterne, das Bier und die Tatsache, dass wir uns auf eine Art lieben, die mehr ist als alle meine Sehnsüchte zusammen. »Ja«, sage ich, »gib das alles auf und geh mit mir tanzen!«

Sie zieht die Brauen hoch. »Sorry, du Model«, sagt sie, »nach dem, was ich gesehen habe, kann man hier vor allem tanken gehen. Bis. Zum. Morgengrauen. Tanke Panda mit mir, tanke Panda die ganze Nacht.«

Liebe zukünftige Lieblingsfrau,
denkst du manchmal darüber nach, was Liebe ist?

Ich meine nicht darüber, was sie macht und warum mein Herz schneller schlägt, wenn ich dich ansehe, oder warum ich vier Stunden fahre, um dich eine Stunde zu sehen. Meine Frage ist: Warum gibt es das? Was soll das? Warum sehne ich mich nach dir, als wärst du mein Zugang zur Welt, so als wäre ich nicht wirklich da, wenn es nicht diese kleine Verbindung gäbe zwischen der Welt in mir und der Welt da draußen, wenn nicht du da bist, die du mich mit deinen Augen siehst und mich dabei die Welt so sehen lässt, wie du sie siehst? Was soll diese Sehnsucht?

Ich mag den Ansatz des Soziologen Niklas Luhman, die Liebe als Kommunikationsform zu erklären, als Weg, um aus den unendlichen Möglichkeiten, der Welt einen Sinn zu geben, einen Rahmen auszuwählen, durch den man sie betrachten will. Aber auch das erklärt nur das Prinzip, nicht die Hingabe; nicht die Leidenschaft; nicht die Dinge, die wir aus Liebe tun. Nein, Liebe heißt, der Welt einen Sinn zu geben, indem man Dinge tut, deren Sinn man nicht verstehen muss, weil sie sich selbst genügen.

Ich hatte nie Angst, erwachsen zu werden, zukünftige Lieblingsfrau, aber ich habe gelernt, dass es schwierig ist. Bruce Springsteen hat gesagt, die Kunst dabei ist, Kompromisse zu machen, ohne sich selbst zu kompromittieren. Für mich bedeutet das, man selbst zu bleiben, mit allen Träumen, während man lernt, dass sie angeblich nicht erfüllbar sind. Das gilt für jeden Traum, natürlich, aber eben auch für den: dass es dich gibt und ich dich finden werde.

Doch manchmal ist es schwer, mich davon abzuhalten, es mir zu genau auszumalen, denn wenn ich das tue, werde ich wahrscheinlich alles, was passiert, abgleichen mit dem, was ich mir vorgestellt habe. Und so sicher ich mir bin, dass du irgendwo da draußen bist, und dass alles gut werden kann, so sicher bin ich mir auch, dass es ganz anders sein wird als das, was ich mir jetzt in allen Farben als strahlendes Bild der Zukunft entwerfe. Ich will nicht verpassen, dass du da bist, während ich mir noch erträume, wie es ist, wenn du endlich kommst.

Ein freies, gutes, richtiges Leben ist eine Kette von Entscheidungen, und ich glaube, eine getroffene Entscheidung ist im Ergebnis, selbst wenn sie sich als falsch herausstellt, immer noch besser, als unentschlossen zu bleiben und niemals eine echte Entscheidung zu treffen.

Neulich hat mich jemand gefragt: »Was ist die schönste Erinnerung deines Lebens?« Ich hatte mich das noch nie gefragt, und ich musste eine ganze Weile nachdenken, aber die Antwort ist die: Als ich noch ein Kind war, sind wir jedes Jahr mit dem Auto nach Griechenland in den Urlaub gefahren. Es gab noch keine Klimaanlagen in Autos damals, jedenfalls nicht in den Autos, die mein Vater fuhr, und die vier Tage mit meinen beiden Schwestern auf der Rückbank waren heiß und anstrengend. Am Abend des dritten Tages schafften wir es meistens nach Griechenland, sodass wir am vierten Tag entspannt fahren konnten, was bedeutete, wir hielten für eine lange Mittagspause in einer Taverne direkt am Meer in einem Ort, der in meiner Erinnerung Kamena Vourla hieß. Ich werde ihn nicht googeln, um zu sehen, ob ich den Namen richtig erinnere, denn meine Erinnerung soll bleiben, wie sie ist. Während meine Eltern Essen bestellten, sprangen

wir Kinder zum ersten Mal im Jahr ins Meer. Ich erinnere mich, wie kühl es war, wie unglaublich erfrischend. Und bei diesem einen Mal, von dem ich erzähle, hatte das Wasser das perfekte ägäische Blau. Ich tauchte tief hinein, bis nichts als dieses wunderschöne Blau um mich war, und als ich nach oben blickte, leuchtete die Oberfläche wie jenes Licht am Ende des Tunnels, von dem Sterbende berichten, die man ins Leben zurückgeholt hat. Dieser Moment ist die schönste Erinnerung meines Lebens, und ich versuche, wann immer ich kann, ihn noch einmal zu erleben. Immer ohne Erfolg. Und sosehr ich den Moment liebe, so sehr wünsche ich mir, dass meine schönste Erinnerung einmal die an einen Ort sein wird, an dem ich bleiben kann. Ich möchte ans Licht.
   Kommst du mit?

18

Vor der Tür blicke ich nach oben und lasse mir die winzigen, leichten Tropfen aufs Gesicht fallen. Echter Regen ist das nicht. Hier in Hamburg, wo man es sowieso erst Regen nennt, wenn es von vorne kommt, geht das noch als erhöhte Luftfeuchtigkeit durch. Aber Wetter, bei dem man eine Frau mit der Vespa abholt, ist es auch nicht. Ich seufze und nehme das Telefon aus der Tasche, um ein Auto beim Carsharing zu buchen. Im Zweifel für das Kleid.

Als ich bei ihr vorfahre, steht sie schon an der Straße, mit einem dünnen Mantel über dem Kleid, so ist der Sommer hier. Sie setzt sich neben mich und lächelt, irgendwie froh, dass es geklappt hat, zugleich auch spöttisch, weil es so lange gedauert hat. »Direkt zum Karaoke«, frage ich. Lydia lacht. »Ich habe Hunger«, sagt sie.

Das kleine Restaurant in der Nähe des Rathauses war mal eine Buchhandlung, und der Besitzer hat einen Teil der Regale behalten und den Rest mit unvorstellbarer Liebe zum Detail eingerichtet wie das Wohnzimmer eines exzentrischen englischen Lords. Er selbst trägt Fliege, und mittwochabends gibt es nichts anderes als Steak tartare. Wir setzen uns an den hintersten der vier Tische. »Das ist das schönste Auto, das je gebaut wurde«, sagt Lydia und zeigt auf das Modell eines Jaguar E-Type neben ihr im Regal. »Interessierst du dich für

Autos«, frage ich überrascht, und sie schüttelt den Kopf. »Kein bisschen. Aber ich weiß, dass man, wenn man diesen Jaguar sieht oder einen Citroën DS, immer sagen muss: Das ist das schönste Auto, das je gebaut wurde.«

»Völlig korrekt.«

Sie sieht wieder das Modellauto an. »Ich mag den immanenten Widerspruch, dass es zwei Autos gibt, bei denen man das sagen muss.« Ich muss lachen. »Wenn Autos irgendetwas mit Logik zu tun hätten«, antworte ich, »dann gäbe es nur drei: das billigste, das mit dem besten Preis-Leistungs-Verhältnis und das beste.«

Sie ist nicht überzeugt. »Was ist mit den zwei, die das schönste Auto sind?«

»Die werden schon lange nicht mehr gebaut. Was übrigens meine Argumentation stützt.«

»Inwiefern?« Sie gibt sich keine Mühe, die Skepsis in ihrem Blick zu verbergen.

»Wenn eins wirklich das schönste wäre, oder beide, müsste man sie für immer bauen, wenn man logisch wäre. Übrigens durfte sich bei Nummer zwei im Krippenspiel letzte Weihnachten jeder die Rolle aussuchen, die er wollte, deshalb gab es vier Heilige Drei Könige.« Lydia lacht. Wir bestellen und fragen uns dabei, ob wir eine ganze Flasche Wein schaffen, was eigentlich bedeutet, wir verständigen uns innerhalb einer Sekunde darauf, dass wir natürlich eine ganze Flasche schaffen. »Du hast übrigens nicht recht«, sagt sie, »weil die Seltenheit dieser Autos auch dazu beitragen kann, dass sie als schön empfunden werden. Was man dauernd sieht, wirkt schnell durchschnittlich.« Mich durchzuckt der Gedanke, dass ich mehrere Tausend Male neben meiner Frau aufgewacht bin, und jedes Mal dachte, sie wäre die Schönste der Welt. Was ich nicht laut sage, sondern: »Das Meer. Tausendmal gesehen, wird niemals langweilig. Du verwechselst Mode mit Schönheit.« Jetzt nickt sie, sagt dabei aber: »Nein, du verwechselst Schönheit mit emotionaler Verbundenheit. Jedes Kind findet seine Mutter schön.«

»Sind sie auch alle!« Jetzt zieht sie die Augenbraue hoch, und ich verstehe das als Widerspruch. Und ich weiß, was sie meint. Ali nennt Frauen, die sich ihrer Muttihaftigkeit hingeben, »das Mutter«. »Ich möchte meinen Punkt begründen«, schiebe ich deshalb hinterher und versuche, dabei so anwaltsmäßig zu klingen, wie es geht. Sie nimmt den Ton auf und sagt mit einer gönnerhaften Handbewegung: »Stattgegeben. Bitte begründen.«

»Sie sind schön in ihrer Funktion als Mutter, die nur von denen beurteilt werden kann, die sie in dieser Funktion wahrnehmen, also ihren Kindern. Genauso ist jede Braut schön.«

»Okay«, antwortet sie trocken, »du bist Romantiker. Was du sagst, ist so ziemlich das Irrste, was ich je gehört habe, weil ich schon Bräute gesehen habe, die so aussahen, dass ich mir die Augen in der Waschmaschine ausspülen wollte, aber ich kann anerkennen, dass Romantik dämlich macht.«

»Jeder Sohn ist Romantiker, jeder Bräutigam ist Romantiker!« Sie blickt mich an, dann auf die Tischplatte, dann auf ihr Rotweinglas, das gerade aufgefüllt wird. Sie nimmt es, wartet, bis mir auch eingeschenkt wurde, räuspert sich, hebt das Glas. *»I rest my case«*, sagt sie, während sie mir zuprostet, »besser hätte man meinen Punkt nicht belegen können.«

Wir schaffen es, den ganzen Abend nicht über Arbeit zu reden und nicht über Kinder, abgesehen von den jeweils eingeflochtenen Erwähnungen, die sicherstellen sollen, dass der jeweils andere weiß, dass es welche gibt. Lydia hat einen Sohn und eine Tochter, etwas jünger als meine, und natürlich steht das im Raum. Es ist etwas, das man nicht unerwähnt lassen kann, so wie man nicht als Übernachtungsgast bei Freunden aufschlagen kann, ohne vorher zu sagen, dass man kleine Menschen dabeihat. Ich habe immer noch keine Ahnung, wie sehr es Frauen, die mich potenziell interessant finden könnten, abschreckt, dass ich zwei Töchter habe, oder ob es für solche mit eigenen Kindern sogar ganz attraktiv ist, zu wissen, dass ich die Realität des Elternseins kenne. Die durchwachten Nächte. Das ständige Mitdenken für die Nachfahren. Das Tapsen der nackten Füße im Flur, wenn sie nach einem ohnehin höllischen Tag noch in dein Bett wollen und du dir im delirischen Halbwachsein wünschst, das Kind, das du mehr liebst als alles sonst, möge bitte einfach umfallen und an der Stelle einschlafen, wo es gerade liegt, nur weil du mal eine Nacht brauchst, in der sich niemand in der Mitte des Bettes wie ein Propeller um seinen Bauchnabel dreht und dich dabei ins Gesicht tritt. Ich kenne das alles. Das müsste doch etwas wert sein, aber ich fürchte, in der Realität sind selbst Halbzeit-Alleinerziehende nicht das, wovon Frauen träumen, wenn sie sich einen Mann fürs Leben vorstellen. Nur, was soll ich machen, es ist, wie es ist.

»Hörst du mir zu«, fragt Lydia lächelnd. »Klar«, sage ich, »ich bin nur kurz ... Was hast du gesagt?«

»Ich habe gefragt, warum du so grinst?«

»Ich habe nur ...« Ich nehme einen Schluck von dem Pinot Noir, der aus der Schweiz kommt und deshalb Blauburgunder heißt, ein Wort, das ich vor heute Abend noch nie gehört hatte. Und dann erzähle ich es einfach. »Ich habe mich gefragt, ob und wie sehr es dich abschreckt, dass ich zwei Kinder habe, und dabei habe ich an meine Kinder gedacht, und wahrscheinlich habe ich deswegen gegrinst. Ich bin irre stolz auf die zwei. Wir waren gerade im Urlaub, und jetzt sind sie mit ihrer Mutter weg, und ich vermisse sie.« Lydia wird plötzlich ernst. Sie will etwas sagen, braucht aber so lange, dass ich es nicht mehr aushalte und nachlege. »Und im Übrigen glaube ich, dass du auch romantisch bist. Einfacher Grund: Du weißt, dass ich es bin. Jeder weiß das, ich bin der öffentlichste Romantiker der ganzen Stadt. Und du bist hier. *Case closed.*« Jetzt lacht sie. »Ich hatte eigentlich vor zu behaupten, ich hätte nur so ein oder zwei deiner Kolumnen gelesen«, sagt sie, »aber okay, ja, ich weiß das. Und ich bin hier.« Sie macht eine Pause, diesmal kriegt sie mich jedoch nicht dazu, die Stille für sie zu füllen. »Und ja, es ist sexy, dass du romantisch bist.« Ich brauche einen kurzen Moment, mich für einen Gesichtsausdruck zu entscheiden. Ich bin selber schuld, ich hätte das Gespräch nicht auf die Kolumne bringen müssen, weiß aber immer noch nicht, wie man auf Komplimente reagiert, die sich eigentlich nicht an mich selbst richten, sondern auf das beziehen, was jemand anders auf mich projiziert. Ich entscheide mich für ein freundliches, halb spöttisches Zucken des Mundwinkels. Jedenfalls soll es das irgendwie sein. Was dabei tatsächlich herauskommt, muss ich zum Glück selbst nicht sehen. Lydia fährt fort: »Und ich glaube, es gibt viele Frauen, für die ist ein Mann mit Kindern ein absolutes No-Go. Aber das ist bei mir, spätestens seitdem ich selber in der Situation bin, anders.«

»Es ist tatsächlich eine merkwürdige Situation. Ich hatte natürlich vorher nie drüber nachgedacht«, sage ich. Sie hebt den Finger, um mich zu unterbrechen. »Und du machst, ich weiß nicht genau, wie ich das sagen soll, und ich weiß ja auch nichts über dich und deine Kinder, aber du verkaufst es gut. Man glaubt dir, dass du wahnsinnig gerne Vater bist.« Jetzt grinse ich wieder, aber sie ist noch nicht fertig. »Und das ist tatsächlich attraktiv, nur, weil du nicht wirkst wie ein Über-Daddy mit Tragtuch.« Ich lache. »Das war ich nie. Im Gegenteil, ich habe immer viel zu viel meiner Frau überlassen, weil ich dachte, so gut wie sie kann ich das alles niemals. Ich hab echt ein bisschen gekämpft, als ich einfach musste. Und du hast recht, ich liebe es, und zwar mehr, als ich es je für möglich gehalten hätte, aber ich habe auch Angst, plötzlich zu einem Daddy zu werden …« Wieder unterbricht sie mich mit der Hand. »Ganz ehrlich«, sagt sie, »hör einfach auf, dir bescheuerte Gedanken zu machen. Ich verstehe das. Als ich nach meiner Trennung wieder angefangen habe zu daten, hatte ich Angst, ich wäre ausgeleiert. Alles Quatsch.«

»Wovor hattest du Angst?«, entfährt es mir ein bisschen zu laut.

»Ich hatte Angst, dass meine Vagina ausgeleiert sein könnte, weil ich da die zwei Wasserköpfe durchgepresst habe.«

»Bist du sicher, dass man Vagina auf der zweiten Silbe betont?«

»Scheißegal. Konzentration, bitte!«

»Sorry«, ich hebe entschuldigend beide Hände, »wieder ganz da!«

»VA-gina?«, fragt sie.

»Ja. Egal«, ich ärgere mich, dass ich es aufgebracht habe, »sag doch Muschi, oder was auch immer.«

»Sag ich nie«, entgegnet sie entrüstet.

»Was sagst du denn?«

»Findest du Muschi nicht komisch?«

»Ich finde nichts komisch und richte mich völlig nach dir. Was sagst du?«

Sie stockt. »Mumu«, sagt sie dann.

»Okay«, sage ich, »Mumu *it is.*«

»Jetzt klingt das auch komisch«, sagt sie, »das klingt alles komisch. Aber was sagst du?« Ich überlege. »Tatsächlich sage ich, glaube ich, gar nichts aus Überzeugung. Ich übernehme das, was die Frau sagt.«

»Und was sagen Frauen?«

»Alles. Muschi. Mumu. Pussy. Vagina. Sogar in der englischen Aussprache: Vä-dschai-na.«

»Alles komisch.«

»Nichts komisch, alles schön.«

»Romantiker.« In diesem Moment bringt der Besitzer des Ladens das Essen, und Lydia lacht in sich hinein. »Versuch, bei dem vielen rosa Fleisch nicht an Mumus zu denken«, sagt sie kichernd. »Kein Problem«, antworte ich, »keine Mumus im Kopf. Nur die Muschis verfolgen mich!« Sie lacht laut auf. »Du weißt, dass aus uns nichts wird heute, oder?«

»Ich bin davon ausgegangen, seitdem du eine ausgeleierte Mumu erwähnt hast. Das ist wohl kaum, was du normalerweise aufbringst, um Männer zu verführen.«

»Korrekt!«

»Aber ich würde gerne zu Protokoll geben, dass ich einen Spitzenabend habe.«

»Die Firma dankt«, sagt sie und deutet mit dem Kopf eine Verbeugung an. Dann sieht sie mich an, als müsste ich noch etwas sagen. Es irritiert mich. »Was«, frage ich.

»Wie was«, fragt sie zurück.

»Muss ich noch was sagen?« Mit einem Mal bin ich aus dem Tritt, so als wäre die Unterhaltung ohne mich weitergegangen. Sie seufzt tief und theatralisch. »Ja«, sagt sie, »hätte ich erwartet.«

»Was denn?«

»Willst du nicht wissen, warum?« Sie blickt mich erwartungsvoll an. »Oh«, sage ich und denke einen Moment nach, »ich dachte, na ja, du stehst nicht so auf mich, nicht dein Typ, die Art, wie ich Tatar esse. Nicht?« Sie seufzt wieder, enttäuscht von mir. »Nein«, sagt sie, »alles nicht. Ich finde dich süß, und ich habe heute kinderfrei, und ich würde echt gerne mal wieder gevögelt werden. Aber du hast eine andere.«

»Was hab ich?«

»Du hast eine andere Frau!« Jetzt bin ich wirklich überrascht. »Wie kommst du darauf?«

»Du hast quasi Monate gebraucht, mich auszuführen. Du bist viel zu entspannt. Und kein Mann auf der Welt redet so entspannt über eine Mumu, die er will.«

»Oh«, sage ich, weil mir sonst nichts einfällt. »Ich habe über Muschis geredet«, sage ich noch, aber sie lächelt darüber nur ein bisschen angestrengt und ein bisschen müde. »Sorry, schlechter Witz.«

»Geh zu dieser Frau«, sagt sie, »trau dich.« Ich nicke, doch sie sieht mir die Skepsis an. »Wovor hast du Angst?«

»Ich weiß nicht, wahrscheinlich davor, dass ich noch nicht so weit bin, vielleicht nie so weit bin. Und ich habe Angst davor, dass sie mehr verliebt ist als ich, und dann wieder, dass ich mich mehr verliebe und sie mich verlässt. Ich kann gerade nicht verlassen werden.« Sie winkt betont ungerührt nach der Rechnung. »Du bist ja schon groß«, sagt sie schließlich, »und die Frau ist auch schon groß, jedenfalls hoffe ich das.«

»Voll ausgewachsen«, ich lächle bei dem Gedanken an Zsa Zsas berstendes Dekolleté voller Busen und Handys und Kreditkarten, »voll und ganz.«

»Du hast gar keine Wahl. Hau ab, ich übernehme die Rechnung.« Ich bleibe sitzen. »Los jetzt!« Sie klingt wie eine Mutter. Langsam schiebe ich den Stuhl zurück. »Danke«, sage ich verlegen. »Hau ab!« Sie winkt mir zu und dreht sich demonstrativ zum Besitzer des Restaurants um. Ich stehe auf, nehme meine Jacke von der Stuhllehne und gehe zur Tür. Bevor ich hinausgehe, drehe ich mich noch mal um, und sie winkt mir zu.

Draußen zünde ich mir eine Zigarette an und schaue nach einem Taxi. Es nieselt wieder, und natürlich finde ich keins. Als ich Richtung Sankt Pauli losgehe, fällt mir ein, dass hier erst eine lange Reihe von Einkaufsstraßen kommt, ich würde auf keinen Fall ein Taxi finden. Aber an der Hauptverkehrsstraße entlangzugehen, wäre unangenehm. Ich werde laufen. Ich werfe die Zigarette weg, verfalle in Trab und werde schneller.

»Ja«, kommt es aus der Gegensprechanlage. Ich bin völlig außer Atem, so weit gerannt bin ich schon lange nicht mehr. »Wer ist denn da?« Zsa Zsa ist es gewohnt, dass Bekloppte bei ihr klingeln, sie wohnt mitten auf dem Kiez, doch sie muss mich am Atemgeräusch erkannt haben. Oder sie hat telepathische Kräfte. »Greco«, fragt sie, »bist du das?«

»Lass uns ans Meer fahren«, sage ich, aber die Luft ist immer noch knapp, und ich gebe vor allem Pfeifgeräusche von mir. »Sag das noch mal«, kommt ihre metallisch verzerrte Stimme aus der Anlage. »Ans Meer«, sage ich, »das Meer ist das Einzige, das durch Wiederholung nicht langweilig wird.«

»Dann hab ich doch richtig gehört«, sagt sie, »das Auto steht vor der Tür. Ich werf dir den Schlüssel runter. Gib mir fünf Minuten.«

Langsam kommt die Luft zurück. »Endlich«, denke ich, als mein Gehirn wieder Sauerstoff hat, »endlich eine rauchen.«

Liebe zukünftige Lieblingsfrau,
ich war am Meer, drei Tage lang, mit einer Frau. Wir
sind den Strand entlanggelaufen, vorwärts in den Wind
gebeugt. Wir haben in einer Bretterbude Pommes mit
Parmesan gegessen, was eine erstaunlich gute Mischung
ist, und Champagner dazu getrunken. Und Möwen
beleidigt, damit sie wenigstens kurz in die Kamera
gucken. Wir haben eine halbe Nacht Mau-Mau
gespielt, als ginge es um Leben und Tod, uns massieren
und in Heilerde verpacken lassen, wir haben mit

baumelnden Beinen auf dem Steg gesessen und mit einem Bier in der Hand zugesehen, wie die Sonne untergeht. Es wird nie besser als das.

Es war das erste Mal seit langer Zeit, dass ich mehrere Tage am Stück mit einer Frau verbracht habe, als Pärchen, und davor war es Ewigkeiten lang immer die eine. Und ich hatte, ehrlich gesagt, vergessen, was für ein Wunder es ist, dass man miteinander klarkommt, obwohl man tagelang keine Privatsphäre hat.

Hoteldesigner sind die größten Romantiker: Ein durchschnittliches Hotelzimmer ist für ein Paar gebaut, das sich zu gut kennt, um im Bad eine ordentliche Tür zu brauchen. In manchen modernen Hotelbadezimmern sind selbst die Wände aus Glas und die Privatsphäre schlechter regelbar als auf Facebook. Ich weiß nicht, wie es dir geht, aber sowenig ich grundsätzlich dagegen einzuwenden habe, dass du mir beim Duschen zusiehst, würde es mich doch ein bisschen unter Druck setzen, wenn du es immer tätest. Ich bin sicher, ich würde versuchen, da irgendeine Show draus zu machen, und eine Show von mir unter der Dusche möchte ich mir nicht vorstellen. Vielleicht sind Hoteldesigner auch die pragmatischsten Menschen der Welt: Verbringt drei Tage zu zweit in einem Hotelzimmer, und ihr wisst, ob ihr euch ertragt. Ich habe vor langer Zeit das schönste Kompliment bekommen, das ein Mensch machen kann. Es lautet: »Du bist der Einzige auf der Welt, der mich nicht nervt.« Leider war es nicht wahr.

Es ist eigenartig, sich zu beobachten, wenn man das erste Mal wieder so lange zu zweit ist: In einem Moment genieße ich die Nähe und stelle im nächsten fest, was mich alles wahnsinnig macht an anderen

Menschen. Ich genieße die Freiheit und werde eine Sekunde später überrollt von Erinnerungen. Früher lag die Zukunft so selbstverständlich vor mir, dass ich sie mir nicht auszumalen brauchte. Was zählte, war das Jetzt. Heute hat es einen vollen Rucksack auf, und manchmal muss ich es zwingen, ihn abzusetzen und wenigstens loszurennen, direkt in die Brandung, so schnell es geht, bis eine Welle ihm die Füße wegreißt, es eintaucht in das kalte Wasser und das Salz in seinen Augen brennt. So geht es mir immer: Ich spüre am meisten, wenn ich mir nicht mehr vormachen kann, ich würde klar sehen.

Ich weiß nicht, ob du das warst, mit der ich am Meer war, aber ich weiß, dass es der schönste und der belastendste Satz zugleich ist: Es wird nie besser als das. Ich will unbedingt glauben, dass es immer besser wird, und gleichzeitig will ich, dass es genau jetzt passiert, und ich will es genießen und mir keine Gedanken darüber machen, dass der schönste Moment meines Lebens nie wiederkommt, wenn er vorbei ist.

Man kann Momente nicht erschaffen, so wie man Nähe nicht designen kann. Man kann sie nur zulassen. Und dann können sie in allem sein: In dem Lachen über den Witz, den nur wir verstehen. In dem wütenden Protest, wenn du drei Runden eines Kinderkartenspiels in Folge verlierst. Oder in dem Fischbrötchen, das wir uns teilen, weil das zweite eine riesige Möwe gefressen hat. Und manchmal sogar darin, dass man allein auf einem Balkon sitzt und ein paar Zigaretten lang über die Dünen aufs Meer schaut, einfach damit du deinen Kopf für einen Moment für dich hast.

Du nervst mich nicht. Und mehr als das, manch-

mal sehe ich dich an, und dein Blick macht, dass ich mich selbst nicht nerve. Dass die Vergangenheit vorbei ist, und die Zukunft nur das, was ich aus ihr machen werde. Und dann spüre ich es: genau jetzt.

19

Der Zug hat zehn Minuten Verspätung, und es ist kalt auf dem Bahnsteig morgens um Viertel nach drei. Ich bin völlig verschwitzt vom Tanzen, selbst das Sakko, und überhaupt sitzt der Anzug nicht mehr, seitdem wir vor zwei Stunden auf das wegen Regens geschlossene Sonnendeck des Restaurants geklettert sind, ich mich ausgezogen habe und in den Pool gesprungen bin. Hochzeiten machen mich sentimental, ich kann das nicht halb feiern. Zsa Zsa hat beim Gehen von der Bar zwei Bier mitgenommen, und wir sitzen im kalten Wind des kahlen Bahnsteigs und trinken sie müde schweigend.

Der Zug ist unvorstellbar voll, nicht nur gemessen an der Tageszeit. Familien mit kleinen Kindern drängen sich in doppelt belegten Abteilen, und riesige Koffer versperren den Gang. Zwischen ihnen schlafen Menschen auf dem Boden. »Das kann nicht sein«, sagt Zsa Zsa, »guck bitte mal, ob Krieg ausgebrochen ist.« Ich will das abtun, aber selbst gemessen an der Jahreszeit, mit Schulferien in mehreren Bundesländern, ist es unerklärlich voll hier. Ich checke die »Breaking News« auf meinem Smartphone, aber wenn ein Krieg ausgebrochen ist, dann haben es die Online-Redaktionen im Land noch nicht bemerkt. Wir finden die Plätze, die ich reserviert habe, einfach nur, weil ich immer Plätze reserviere, selbst morgens um halb vier in einem Wagen am Ende des Zuges, der offensichtlich angehängt wurde. Von innen wirkt er wie einer von S-Bahnen. Wir strecken uns auf den Plätzen aus, die gemacht sind, um quer durch eine Stadt zu fahren, nicht quer durch das halbe Land. Zsa Zsa legt ihren Kopf an meine Schulter. »Das war ein Fest«, sagt sie, und ich nicke. »Ja, das war es.«

Ich weiß nicht, ob sie an die Hochzeit denkt, die sie einmal haben wird. Und ob sie sich vorstellt oder sogar gerade wünscht, dass ich es bin, den sie heiratet. Ich war verheiratet, ich hatte meine Party, und sie war genau so, wie ich es mir gewünscht habe. Ich muss nie mehr heiraten. Ich muss auch keine Kinder mehr bekommen. In dieser einen Hinsicht bin ich tatsächlich frei: Ich begehre nichts, und ich brauche nichts. Wenn ich nie wieder heirate und nie wieder ein Kind zeuge, habe ich von beidem genug gehabt für ein Leben. Aber Zsa Zsa wahrscheinlich nicht.

Warum denke ich überhaupt darüber nach? Sie hat nie von mir verlangt, dass ich es tue, das wäre auch zu früh, wir kennen uns erst seit ein paar Monaten und haben nie irgendeinen Status vergeben für das, was wir sind, oder auch nur gesagt, es gäbe so etwas wie ein Wir. Dennoch ist es klar, dass sie das will. Und es gibt Momente, in denen ich es auch will, in denen ich das Gefühl, das da ist, zwingen möchte, die Entscheidung zu fällen gegen all das andere: die Unsicherheit, die Angst, den Zweifel. Hier neben mir ist diese wunderbare, kluge, lustige, schöne Frau voller Leben, und ich verharre am Boden des blauen Meeres, unfähig, ans Licht zu schwimmen, obwohl ich genau weiß, dass ich in der trügerischen Sicherheit der mich umgebenden Schönheit nicht atmen kann. Es sollte einfach sein. Es sollte reine Freude sein, mich abzustoßen vom Grund und die rettenden Züge mit den Armen zu machen, die mich zurückbringen an die Oberfläche, in die Luft, die Wärme; ins Licht. Ich spüre sie an meiner Schulter schlafen und empfinde nichts als Liebe für sie. Es ist nicht die

Frau, die mir Angst macht, es ist diese Liebe, die ich nicht zu fühlen wage, weil das Risiko viel zu groß ist, sein Herz an einen einzigen Menschen zu hängen. Es gibt so viele andere, für mich und für sie, und wie wahnsinnig wäre es, sich noch einmal der Gefahr auszusetzen, dass sie irgendwann im Lichte der verblassenden Leidenschaft frischen Verliebtseins feststellt, dass ich nur ich bin und nicht der, den ihr Herz zeichnet.

Ich werde diese Kolumne beenden müssen. Wahrscheinlich habe ich ohnehin gesagt, was ich zu dem Thema sagen kann, aber selbst wenn nicht, muss ich aufhören, bevor ich anfange zu glauben, es wäre wahr, was die Menschen zu sehen denken, wenn sie die Kolumne lesen. Ich muss aufhören, Briefe zu schreiben an eine Frau, die durch nichts definiert ist als durch meine Liebe, bevor sie jede Frau zu einer Projektionsfläche macht für meine Träume, ohne dass ich wirklich erkenne, was es ist, das sie ausmacht. Das könnte mein Fehler gewesen sein beim letzten Mal. Dass ich sicher war, die Liebe meines Lebens gefunden zu haben, und nichts mehr gesehen habe außer dieser Liebe. Denn wenn es etwas gibt, das keine Frau der Welt verdient hat, dann durch mich definiert zu werden. Ich muss zurück an die Oberfläche, in die reale Welt, wo Menschen einfach Menschen sind, nicht Träger meiner Hoffnung, Sehnsucht und einer romantischen Vorstellung, die nur existiert, weil ich dachte, ich hätte sie wahr gemacht.

Zsa Zsa schläft an meiner Schulter, mit leicht geöffnetem Mund, vielleicht träumt sie. Überall um uns schlafen Männer, Frauen und Kinder unter merkwürdigen Verrenkungen in den Sitzen und auf dem Boden des zweckentfremdeten S-Bahn-Wagens, wahrscheinlich auf dem Weg in den Urlaub, in ein paar hoffentlich sonnige Wochen Flucht vor den Tagen, die sind wie alle anderen. Wahrscheinlich bin ich der

Einzige hier, der gerade erst nackt in einen Swimmingpool gesprungen ist und sich nichts mehr wünscht, als zurückzukehren zu Tagen, die für immer so bleiben sollten. Und wahrscheinlich gibt es niemanden hier, der sich zieren würde, die Angebote anzunehmen, die mir gemacht werden. Ich kann zwar nachts über einen Zaun steigen und in kaltes Wasser springen, bekomme aber Panik, wenn Menschen berührt sind durch etwas, das ich schreibe, obwohl ich es genau deshalb schreibe. Ich sehne mich nach Liebe, und fürchte mich, wenn sie kommt.

Die Schlafenden zwischen den Bergen unverschämt hässlicher Koffer haben sich modisch auf die kommende Verwahrlosung im Süden vorbereitet. Oder im Norden, jedenfalls irgendwo, wo sie sich zumindest so lange vom typisch Deutschen erholen können, wie die Züge pünktlich fahren. Sie können das Abenteuer genießen, solange sie wissen, dass sie zurückkehren in die Sicherheit von Heim und Tagesschau. So wie ich es genossen habe, mit den Installationen von Liebe zu spielen, solange ich wusste, dass ich nicht bleiben muss. Ich fühle mich, als wäre ich ein Tourist in einem fernen, exotischen, verführerischen und beängstigenden Land, dessen Sprache ich nur zur Hälfte verstehe, und dessen Regeln und Gebräuche mich faszinieren, obwohl sie mir immer wieder klarmachen, dass ich nicht dazugehöre. Ich muss an das Stifado denken, jene Rindfleischsuppe, die im Dorf meiner Großeltern am 15. August gekocht wird, an Maria Himmelfahrt. Das ganze Dorf kocht sie zwei Tage lang über mehr als zwanzig Feuerstellen neben der alten Kirche, die der Mutter Gottes gewidmet ist. Als Teenager haben wir die Nachtschicht übernommen und sind danach, wenn frühmorgens die Frauen kamen, um von uns – die wir mehr oder weniger nur in den Töpfen gerührt haben, damit nichts anbrennt – das Kochen zu übernehmen, auf die Spitze des Vulkans geklettert, an dessen Hang das Dorf liegt, und haben die Sonne über dem Meer aufgehen sehen. Es waren einige der schönsten Tage und Nächte meines Lebens, aber ich habe den zwiebligen Geschmack dieser Suppe gehasst, auf die sich meine Cousins und Freunde freuten. Ich gehörte letztlich nicht dazu, ich war nur dabei. Und so geht es mir auch jetzt, mit Zsa Zsa an meiner Schulter, diese wunderbare Frau, die alles sein sollte, ich müsste mich nur dazu bekennen. Es ist nur ein Moment der Erkenntnis, aber er kommt mit Wucht: Ich mag ein Tourist sein, ein Fremder, meinetwegen sogar ein Flüchtender, ausgeschlossen von der Herzensheimat, in der ich dachte, für immer bleiben zu können. Doch abgesehen von dieser kleinen Einschränkung, diesem einen Herz, in dem ich nicht mehr willkommen bin, steht mir die Welt offen. Und ich hätte das nie gewusst, dieses Gefühl nie erlebt, wenn sie mich nicht freigelassen hätte. Ich bin verloren. Deshalb bin ich frei.

Wir steigen in Hamburg-Dammtor aus und setzen uns in ein Taxi. »Kommst du mit zu mir«, fragt Zsa Zsa halb schlafend, und ich nehme ihr Gesicht in meine Hände und küsse sie. »Ich bringe dich nach Hause«, sage ich, «aber Nummer eins ist daheim, und ich will da sein, bevor sie aufwacht.« Sie nickt, und ich kann ihr ansehen, dass sie sich wünscht, ich würde sie mitnehmen. Vor den Bars in ihrer Straße wanken die letzten Überlebenden einer langen Nacht. Ich bringe sie die drei Stufen hoch zu ihrer Haustür, will etwas sagen, will ihr sagen, dass ich es versuchen werde, dass wir es darauf ankommen lassen sollten. Dass ich meine Angst überwinden und all das sein und werden will, was sie sich wünscht und verdient. Dass es ein Ende haben muss damit, dass ich suche, ohne zu wissen, wonach, und dass ich hoffe, das Loch in meinem Herz auf einen Schlag zu füllen, weil plötzlich alles klar ist. Aber sie kommt mir zuvor.

»Weißt du«, sagt sie, und die Müdigkeit in ihrer Stimme

stammt nicht nur vom schlechten Schlaf auf der harten Bank, »ich wollte das wirklich. Du bist ein guter Typ, und ein guter Mann ...« Sie bricht ab, und ich nicke, weil ich weiß, was sie sagen will. Sie sieht mir in die Augen. »Komm klar«, sagt sie, mit dem traurigsten Blick, den ich je bei einem Menschen gesehen habe. Sie kann vor Müdigkeit kaum noch aufrecht stehen, aber ihr Blick sticht wie Sonnenstrahlen. »Vergib dir, steh auf und komm klar.« Sie küsst mich, dreht sich um und verschwindet durch ihre Haustür, ohne sich noch einmal umzudrehen.

Ich starre auf die mit Graffiti verschmierte Tür, als wollte ich sie durch meinen Blick zwingen, wieder aufzugehen und den Film rückwärts abzuspielen bis zu dem Moment, an dem ich etwas hätte sagen sollen. An dem ich alles anders hätte machen wollen. Doch sie wird nicht aufgehen. Sie ist zu.

Ich wende mich ab und zünde mir eine Zigarette an, während ich langsam im Slalom zwischen den Betrunkenen hindurch in Richtung Zuhause gehe. Vor einer Bar steht ein Sofa, darauf liegt ein Mann ausgestreckt, den Kopf auf der Rückenlehne abgelegt, die Beine weit von sich gestreckt. Er wirkt praktisch bewusstlos, doch als ich vorbeigehe, schreckt er auf. »El Greco«, ruft er mir nach. Ich drehe mich um. »Kalle«, sage ich, »alles gut?« Er richtet sich auf und schüttelt sich. »Bin eingeschlafen«, sagt er, als wäre das nicht offensichtlich. »Hu!« Er schüttelt den Kopf energisch hin und her, um wach zu werden. »Boah, ich habe vorhin mit so einer süßen Blonden rumgemacht!« Ich seufze, während ich den Rauch ausblase, setze mich neben ihn auf das plüschige Sofa, von dem man nicht wissen will, womit es schon getränkt wurde. »Aber irgendwann«, fährt er fort, »ist sie gegangen, und ich war so scharf, dass ich mir erst mal auf dem Klo einen runterholen musste. Und davon werde ich echt immer so müde.« Er wirkt erstaunt über sich selbst. Ich seufze noch mal. »Kalle«, sage ich, »kann ich dich mal was fragen?« Er guckt mich überrascht an. »Ich möchte wissen«, beginne ich vorsichtig, »ob du absichtlich so oft Dinge sagst, die irgendwie, also, so irre intim sind. Weißt du, was ich meine?« Er grinst, schürzt die Lippen, und es wirkt, als wäre er sich nicht sicher, ob ich die Antwort verdiene. »Ein bisschen Berufskrankheit, schätze ich. Weißt du noch, wie sie uns in diesem Interviewkurs gesagt haben, der beste Trick wäre, die Stille nicht zu füllen?« Ich nicke. Er auch. »Das ist Quatsch«, sagt er dann, »der beste Trick ist, etwas sehr Persönliches zu erzählen, das ein bisschen verstört. Danach achtet niemand mehr darauf, was man sagt. Guck mal, ich weiß alles über deine Trennung und Scheidung. Aber was weißt du über mich?« Ich denke nach. Er hat recht, es ist nicht viel. »Du hast dir den Penis gebrochen«, sage ich, und er verzieht den Mund. »Ja«, sagt er, »echt schmerzhaft.«

Wir lehnen uns zurück, er nimmt sich eine Zigarette von meinen, bläst genüsslich den Rauch aus. »Bei meiner Scheidung«, sagt er, und ich sehe ihn erstaunt an, denn ich wusste nicht mal, dass er verheiratet war, geschweige denn von einer Scheidung, »war der beste Tipp, den ich gekriegt habe, von einer Tante. Die hat gesagt: Du hast da jetzt einen Korb voll Zitronen gekriegt, und die musst du alle aufessen. Nicht alle auf einmal, an manchen Tagen schaffst du keine und an anderen zwei, aber es wird erst wieder gut, wenn du jede einzelne aufgegessen hast.«

*Liebe zukünftige Lieblingsfrau,
du kannst nicht wissen, wie wichtig du bist. Der
Gedanke, dass du irgendwo herumläufst und nicht
ahnst, dass ich an dich denke, lässt mich manchmal
lächeln. Es gibt dich, und deshalb gibt es auch uns.
Ich weiß nicht, wann genau, aber es gibt uns. Und das
heißt nicht, dass auf einen Schlag alles einfach wird,
aber es ist richtig, und deshalb gut: wild, intensiv und
wahr, und das ist alles, was ich will. Die Wahl im
Leben ist ja nicht die zwischen einfach und schwierig,
es ist die zwischen einfach und echt.*

*Du hast mir geholfen, liebe zukünftige Lieblings-
frau, ohne dass du es gewusst hast. Mit dem hier
zum Beispiel, diesen Briefen, dem Schreiben. Ich
konnte das nicht mehr, weil mein Kopf besetzt war,
übertönt von meinem schmerzenden Herz, was doppelt
schwierig war, weil ich nicht nur vom Schreiben lebe,
sondern oft erst weiß, was ich denke, wenn ich es
aufgeschrieben habe. Du machst, dass ich wieder
schreibe. Du hast mir meinen Kopf zurückgegeben.
Und meinem Herz eine Richtung, in die es rennen
kann.*

*Ich habe getanzt auf einer Hochzeit am Wochen-
ende, die halbe Nacht, und zwei Freunde gefeiert, die
sich entschieden haben, dieses ganz schön schwierige
Leben gemeinsam zu gehen. Du erkennst echte
Freunde daran, dass ihr Glück dich glücklich macht
und du auf ihrer Hochzeit tanzt, als wolltest du den
Wind fangen.*

*Frühmorgens, im Zug zurück nach Hause, während
vor dem Fenster dunkle, unwirtliche Orte vorbei-
rauschten, hatte ich für einen Moment ein Gefühl, das
ich schon lange nicht mehr gespürt habe: Dankbarkeit.*

Dafür, dass alles ist, wie es ist. Dass ich vielleicht nicht weiß, was kommt, aber erlebe, dass etwas ist. Es war nur ein Moment, natürlich, und es gibt auch andere, aber die Dankbarkeit war echt. Ich muss nicht alles in meiner Vergangenheit mögen, doch sie hat mich zu dem gemacht, was ich bin. Und für diesen flüchtigen Augenblick, gleichzeitig stillsitzend und reisend zwischen dem, was war, und dem, was kommt, war alles in Ordnung.

Liebe zukünftige Lieblingsfrau, dieser hier ist der letzte Brief, den ich dir schreibe. Zumindest der letzte, bevor ich weiß, wer du bist. Bevor ich einen Namen auf den Umschlag schreiben kann und eine Adresse oder ihn dir unter das Kopfkissen legen, damit du ihn findest, wenn du dich nach einem langen Tag hinlegst und mich vielleicht vermisst.

Das heißt nicht, dass ich nicht an dich denke, denn das tue ich, wahrscheinlich sogar eher zu viel als zu wenig. Ich vermisse dich jeden Tag. Ich sammle die Dinge, die ich dir sagen will: dass Städte cooler aussähen, wenn alle Autos dieselbe Farbe hätten; dass ich finde, Online-Händler sollten, damit jemand die ganzen Pakete entgegennehmen kann, mit arbeitslos gewordenen Einzelhändlern eine Renaissance der Concierges in Mietshäusern einleiten. Und dass ich dich liebe, so sehr, dass ich manchmal heimlich die Faust ballen muss, um nicht vor Energie zu platzen.

Irgendwann sag ich es dir. Wenn du nicht mehr zukünftig bist, Lieblingsfrau, sondern ganz und gar jetzt.

Sollte dir bis dahin manchmal plötzlich warm werden, obwohl die Sonne hinter einer Wolke verschwindet und die Stadt mal wieder voller kalter Herzen ist, dann kann es sein, dass ich das bin, der gerade an dich denkt. Daran, wie es sein wird, dich zu küssen; dich zu halten und nie wieder loszulassen. Und wir zu sein.

Danke.

Für dich.

Epilog

Willy sitzt auf der Fußmatte und starrt auf die Wohnungstür, als ich nach Hause komme. Er blickt kurz zu mir hoch, als ich neben ihm stehe, aber schon geht sein Blick zurück auf die alte Holztür mit der Milchglasscheibe, die sich je nach Jahreszeit so verzieht, dass man sie bis auf wenige Wochen im Jahr mit Gewalt schließen muss. Jetzt im Sommer ist es besonders nervig, weil man beim Zuziehen manchmal nicht merkt, dass das Schloss nicht eingerastet ist, und die Wohnung offen steht. Ich hole den Schlüssel aus der Tasche und spüre, wie müde und betrunken ich bin. Ich muss mich am Türrahmen abstützen, dann verlässt mich die Kraft. Langsam rutsche ich den Rahmen herunter, bis ich neben dem Kater auf der Matte sitze. Er sieht mich genervt an. Ich streiche ihm über den Kopf, um ihn zu beruhigen. Und mich. Aber er maunzt nur, hebt die Pfote und drückt gegen das Holz der Tür. Mit einem Knacken springt sie auf.

Danke

Dieses Buch hätte es nicht gegeben, wenn Michael Ebert, einer der Chefredakteure des Magazins der *Süddeutschen Zeitung*, mir nicht angeboten hätte, eine wöchentliche Kolumne für die Webseite seines Magazins zu schreiben. Er war der erste Leser und in jeder Sekunde der beste Unterstützer, Berater, Kritiker, Ideengeber und Freund, den man sich wünschen kann.

Ihm, gemeinsam mit Timm Klotzek und Florian Zinnecker beim SZ-Magazin, verdankt die Kolumne ihren Erfolg. Michael war es auch, der Peter Haag, meinen heutigen Verleger, auf mich aufmerksam gemacht hat. Ich danke euch allen!

Das vergangene Jahr war ein wilder Ritt für mich, und ich weiß nicht, wie ich ihn hätte überstehen sollen ohne die Nähe, die offenen Arme und Ohren meiner Familie und Freunde. Ich danke fürs Zuhören und Geraderücken, für Champagner und durchtanzte Abende, fürs Festhalten und Aufhelfen, für Tritte in den Hintern und dreizehn aufeinanderfolgende letzte Zigaretten an schwankenden Tresen in stürmischer Nacht.

Mimi, mein Spiegel, du bessere Version von mir: Ich warte auf dein Buch!

Ich danke Sara Schindler bei Kein & Aber, die dieses Buch durch die Klippen gelotst hat. Wenn auf der Strecke nicht alles über Bord gegangen ist, liegt das an ihr.

Ich danke Henriette Gallus, meiner Agentin, die Jahre gebraucht hat, ein Buch aus mir herauszuprügeln. You win, Charlie Runkle!

Und natürlich hätte es dieses Buch nicht gegeben, wenn mich meine Frau nicht verlassen hätte. Ich werde mich nicht dafür bedanken, aber es gibt Momente, da verstehe ich Teile der Reise, auf die du mich geschickt hast. Du bist die beste Mutter, die es für meine Kinder geben kann, und ich werde dich schon dafür immer lieben.

Und nicht zuletzt sind da Nummer eins und Nummer zwei, die beiden wichtigsten, wunderbarsten und in jeder Hinsicht schönsten Menschen der Welt. Ihr seid mein Grund, aufzustehen und zu versuchen, mein bestes Ich zu sein. Ich könnte nicht stolzer sein. Das hier ist, wie alles, für euch.

Amor vincit omnia.

LYNNE SHARON SCHWARTZ
Für immer ist ganz schön lange

»Was für ein subtiler, fesselnder Roman über die Ehe.«
Joyce Carol Oates

Als Ivan eines Tages vom Joggen nicht nach Hause zurückkehrt und das Warten immer unerträglicher wird, fragt sich Caroline, ob er überhaupt noch mal wiederkommt. Wollte sie in ihrer zwanzigjährigen Ehe nicht auch schon oft alles hinschmeißen und abhauen? Hin- und hergerissen zwischen Wut, Angst und liebevollen Gefühlen, beginnt Caroline, ihre Ehe zu rekapitulieren.

Roman
gebunden, 256 Seiten,
ISBN 978-3-0369-5960-3

auch als eBook erhältlich
ISBN 978-3-0369-9316-4

www.keinundaber.ch

SIMONE MEIER
Fleisch

»Simone Meier schreibt pointiert,
bitterbös-ironisch und erfrischend offen.«
Wiener Zeitung

Anna und Max, beide Mitte vierzig, sind aus Bequemlichkeit ein Paar mit langweiligen Paarfantasien. Doch dann verliebt sich Anna, geplagt von allen Begleiterscheinungen des Älterwerdens, zum ersten Mal in eine Frau, in die 27-jährige Lilly. Und Max verliebt sich in Lillys Mitbewohnerin Sue, die jedoch nur gegen Geld mit ihm ins Bett geht. Lilly wiederum muss sich um ihren Bruder kümmern, der Eltern und Lehrer zur Verzweiflung treibt. Wahnsinn schleicht sich in die Geschichte, dennoch wird ein Happy End angepeilt.

Roman
gebunden, 256 Seiten,
ISBN 978-3-0369-5754-8

auch als eBook erhältlich
ISBN 978-3-0369-9348-5

www.keinundaber.ch